1869

Beaver

C-FODB

Hans-Gerhard Pfaff

KANADA-Ontario

Das Herzland Kanadas

Mit Reise- und Wandertips

Badenia Verlag

Seite 1:
Wenn der erste Frost in Ontario die Ahornblätter blutrot färbt, läßt der Indianersommer die Wälder glühen.
LEICA R6.

Seiten 2/3:
Nur kurz ist die Überfahrt von Torontos Harbourfront zu den Toronto Islands. Von hier bieten sich herrliche Panoramablicke auf Kanadas größte Stadt.
FUJI Panoramakamera G 617,
Dia-Format 6 x 17 cm.

Seiten 4/5:
Ein spektakuläres Naturschauspiel bieten die gewaltigen Niagara Fälle. Aus dem indianischen übersetzt heißen sie „Donnerndes Wasser“ .
FUJI Panoramakamera G 617,
Dia-Format 6 x 17 cm.

Seiten 6/7:
Rast am Beaver Lake Trail im schönsten Wildnispark Ontarios, dem Algonquin Provincial Park.
FUJI Panoramakamera G 617,
Dia-Format 6 x 17 cm.

Seiten 8/9:
Unsere Freunde Jürg und Ingrid Sommer posieren vor der Beaver, einem Wasserflugzeug von Dietmar Zschogners „Parry Sound Air“. Aufgenommen bei Mink Island in der Georgian Bay.
FUJI Panoramakamera G 617,
Dia-Format 6 x 17 cm.

Seite 10:
Alljährlich im Sommer reist die berittene kanadische Polizei mit der Show „RCMP Musical Ride“ durch das Land. In höchster Vollendung wird im Takt nach Musik die Abstimmung zwischen Pferd und Reiter vorgeführt.
LEICA R6.

Die Deutsche Bibliothek – CIP-Einheitsaufnahme

Kanada / Hans-Gerhard Pfaff:
[Alle Fotos von Elvira und Hans-Gerhard Pfaff]. – Karlsruhe : Badenia-Verlag
(Abenteuer heute)
Teilweise mit Paralleltitel: Canada

Ontario : das Herzland Kanadas ;
mit Reise- und Wandertips. – 1998
ISBN 3-7617-0339-2

Vor- und Nachsatz:
Voyageuer-Kanus am Lake Superior, um 1750.
(Mit freundlicher Genehmigung von Rick Chartier, Cochrane, Ontario).

Herstellung:
Badenia Verlag und Druckerei GmbH, Karlsruhe

Außer der Seite 43 unten, fotografiert von Archie Hood, Welland, und Seite 144, (National Capital Commission), stammen alle Fotos in diesem Bild-Text-Band von Elvira und Hans-Gerhard Pfaff.
Die Kleinbildfotos wurden mit einer LEICA R6 und einer Nikon F4 aufgenommen; alle doppelseitigen Panorama-Fotos entstanden mit einer FUJI Panoramakamera G 617 im Dia-Format 6 x 17 cm. Als Fotomaterial kam ausschließlich der Fujichrome VELVIA RVP 135 und der VELVIA RVP 120 zum Einsatz.

Gestaltung/ Design:
Werner Münkel, Karlsruhe

Printed and bound in Germany
ISBN 3-7617-0339-2

Um Kanadas zweitgrößte Provinz in Wort und Bild zu beschreiben, braucht man auch die Unterstützung der Menschen aus Ontario, deshalb gilt mein besonderer Dank:

Jürg K. und Ingrid Sommer, Toronto, und seinen freundlichen Mitarbeitern des Holiday Inn on King
Bruce und Dawn Rathwell, Brucefield
Dietmar und Heather Zschogner, Parry Sound Air, McKellar
Ruedi H. Hafen, Niagara Helicopters Ltd., Niagara
Diane Helinski, Media & Travel Coordinator, Tourism Ontario, Toronto
Monika Angermeier, Tourism Ontario, Mangum Management GmbH, München
Doris und Michael Sackmann, United Auto Auction Ltd., Oakville
Rick und Elaine Chartier, Coureur de Bois Adventures, Cochrane
Becky Dimant, Canadian Pacific Hotels, Frankfurt
Sandi Digras, Hotel Chateau Laurier, Ottawa
Bernhard U. Düformantel, Mapleland Vacations, Hinwil, Schweiz
Douglas Miller, Police Constable Metropolitan Toronto Police, Toronto
Karl-Heinz Limberg, Direktor, Canadian Tourism Commission, Düsseldorf
Manfred Kaspers, FUJI (Europe), Düsseldorf
Angelika Hammer-Schlösser, Direktorin, Air Canada, Frankfurt
Werner Riedl, Sales Coordinator, Air Canada, Frankfurt und „last but not least“ meinem alten Freund
Dr. Horst A. Schmid, Edmonton Alberta.

Inhaltsverzeichnis

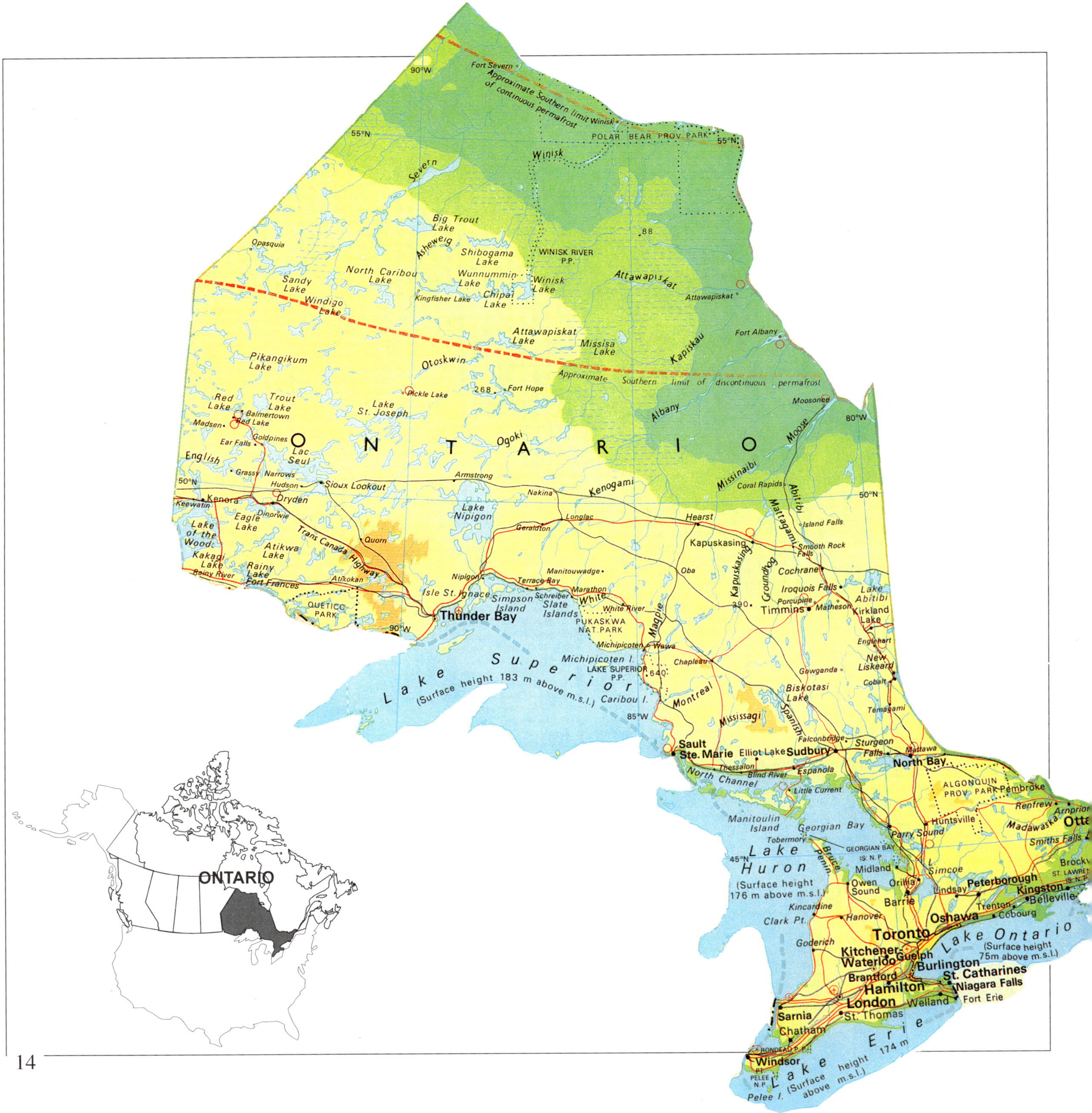
ONTARIO
Fort Severn
Approximate Southern limit of continuous permafrost
Winisk
POLAR BEAR PROV. PARK
55°N
90°W
Severn
Winisk
Big Trout Lake
Asheweig
Shibogama Lake
WINISK RIVER P.P.
88
Opasquia
North Caribou Lake
Wunnummin Lake
Winisk Lake
Attawapiskat
Attawapiskat
Sandy Lake
Windigo Lake
Kingfisher Lake
Chipai Lake
Fort Albany
Attawapiskat Lake
Missisa Lake
Kapiskau
Pikangikum Lake
Otoskwin
Approximate Southern limit of discontinuous permafrost
Pickle Lake
268
Fort Hope
Red Lake
Trout Lake
Balmertown
Madsen
Red Lake
Lake St. Joseph
Albany
Moosonee
80°W
Moose
O N T A R I O
Goldpines
Ear Falls
Ogoki
Lac Seul
English
Grassy Narrows
Hudson
Sioux Lookout
Armstrong
Missinaibi
Coral Rapids
Abitibi
50°N
Kenora
Keewatin
Dryden
Nakina
Kenogami
Lake Nipigon
Longlac
Hearst
Island Falls
Eagle Lake
Dinorwic
Lake of the Woods
Trans Canada Highway
Quorn
Geraldton
Kapuskasing
Mattagami
Smooth Rock Falls
Atikwa Lake
Kakagi Lake
Rainy Lake
Rainy River
Fort Frances
Atikokan
Nipigon
Manitouwadge
Oba
Kapuskasing
Groundhog
Cochrane
Terrace Bay
Schreiber
Marathon
Iroquois Falls
Lake Abitibi
QUETICO PARK
Isle St. Ignace
Simpson Island
Slate Islands
White
White River
Porcupine
Timmins
Matheson
390
Kirkland Lake
90°W
Thunder Bay
PUKASKWA NAT. PARK
Magpie
Englehart
Michipicoten
Wawa
New Liskeard
Lake Superior
(Surface height 183 m above m.s.l.)
Michipicoten I.
LAKE SUPERIOR P.P.
Chapleau
640
Gowganda
Cobalt
Caribou I.
Montreal
Biskotasi Lake
Temagami
85°W
Mississagi
Spanish
Falconbridge
Sault Ste. Marie
Elliot Lake
Sudbury
Sturgeon Falls
Mattawa
North Bay
Thessalon
Blind River
Espanola
North Channel
Little Current
ALGONQUIN PROV. PARK
Pembroke
Renfrew
Arnprior
Manitoulin Island
Georgian Bay
Madawaska
Huntsville
Parry Sound
Tobermory
Smiths Falls
Lake Huron
(Surface height 176 m above m.s.l.)
45°N
Bruce Penin.
GEORGIAN BAY IS. N.P.
Midland
Simcoe
Brockville
Owen Sound
Orillia
Peterborough
Lindsay
Kingston
Belleville
Barrie
Trenton
Cobourg
Kincardine
Hanover
Oshawa
Clark Pt.
Toronto
Lake Ontario
(Surface height 75m above m.s.l.)
Goderich
Kitchener
Waterloo
Guelph
Burlington
St. Catharines
Brantford
Hamilton
Niagara Falls
London
Welland
Fort Erie
Sarnia
St. Thomas
Chatham
Lake Erie
(Surface height 174 m above m.s.l.)
RONDEAU P.P.
Windsor
PELEE PT.
PELEE N.P.
Pelee I.
ONTARIO

Vorwort

Weltwunder sind nur schwer zu beschreiben. Man sollte sie am besten selbst sehen erleben und bestaunen. Das gilt besonders für ein Naturwunder, das die kanadische Provinz Ontario weltberühmt gemacht hat: Die Niagara Wasserfälle. Über 170 000 Millionen Liter Wasser stürzen hier pro Minute in die Tiefe, sie erzeugen dabei eine Gischtwolke, die selbst vom 100 Kilometer entfernten CN-Tower noch zu sehen ist. Doch die „Falls" sind nur eine der unzähligen Attraktionen in Ontario, der zweitgrößten Provinz Kanadas, dem Land der unbegrenzten Urlaubsmöglichkeiten.

Ontario, das bedeutet Natur pur, riesige und einsame Wälder in der Wildnis des Nordens, über 250 000 Seen, tiefe Schluchten und sonnige Sandstrände. Ontario, das bedeutet aber auch „Glitzerndes oder schönes Wasser", denn so nannten die Irokesen die über eine Million Quadratmeter große Landschaft zwischen den Provinzen Manitoba und Québec. Ein Gebiet, das in Europa von Malmö bis nach Rom reichen würde und nur von zehn Millionen Menschen bewohnt wird. Hier befinden sich auch die fruchtbarsten Böden, die wichtigsten Industrien und die größten Städte Kanadas. Allen voran die Drei-Millionen-Stadt Toronto, eine der interessantesten Metropolen Nordamerikas, oder Ottawa, die grüne Bundeshauptstadt.

Wenn man von Europa aus mit dem Flugzeug nach Ontario kommt, landet man unweigerlich am Rande der Multikulturalen-Weltstadt Toronto. Als ich vor 20 Jahren das erste Mal hier kanadischen Boden betrat, war mein erster Eindruck enttäuschend. Ein Autoverkehr, wie bei uns in Europa, geschäftige Menschen und Häuser, so weit das Auge reichte. War das wirklich das Kanada, was ich mir erträumt hatte? Doch dieser erste, negative Eindruck war schnell verflogen, denn ich fühlte, dieses Land ist nicht zu vergleichen mit unserem alten Kontinent. Trotz meines enttäuschten und verdrießlichen Gesichtsausdruckes, wünschten mir laufend wildfremde Leute einen schönen Tag. Am meisten überraschte mich der starke Autoverkehr in Richtung Toronto, auf acht Fahrbahnen fuhr man hier neben- und friedlich miteinander, ohne daß ich, wie bei uns üblich, von Fahrzeugen bedrängt wurde. Was mir damals fotografisch wichtig wahr, hat sich natürlich mittlerweile in der Betrachtungsweise völlig geändert. Auch ist mein Frust über die „vielen" Menschen Ontarios über die Jahre hinweg total abgebaut, im Gegenteil, besonders in Ontario habe ich viele einsame Landschaften entdeckt, wo man für Tage und Wochen in die Wildnis eintauchen kann, ohne einer Menschenseele zu begegnen.

Gerade bei diesem Buch, meinem sechsten Bild-Text-Band über die kanadischen Provinzen, fiel es mir besonders schwer eine Fotoauswahl zu treffen. Auch nach unzähligen Reisen durch die Provinz Ontario, ein Gebiet, daß immerhin dreimal so groß wie Deutschland ist, fehlen mir noch viele Dinge, über die ich gern berichten würde. Doch das alles würde den Rahmen dieses Buches bei weitem sprengen. Deshalb habe ich mich bei der Produktion dafür entschieden, daß ich sämtliche Fotos von vergangenen Reisen außer acht lasse und nur Motive vom letzten Sommer verwende.

Seiten 16/17:
Den schönsten Blick auf Toronto hat man von den vorgelagerten Inseln. Bei dieser Nachtaufnahme mußten wir uns beeilen, denn die letzte Fähre verläßt um 23 Uhr die Toronto Islands. Die hellen Streifen in dem FUJI Panoramakamera-Foto stammen von den Sportflugzeugen, die hier auf den Inseln einen kleinen Flugplatz haben.

Ontario, das Land der ersten Siedler

Als in Europa die Astronomen Johannes Kepler und Galileo Galilei auf dem Höhepunkt ihres Schaffens waren und Rembrandt gerade mal vier Jahre alt war, erreichte der französische Entdecker Etienne Brulé 1610 über den St.-Lorenz-Strom und den Ottawa Fluß das heutige Ontario. Er begleitete Samuel de Champlain, den großen Seefahrer und Gründer von Quebec City, der allgemein als „Vater Kanadas“ angesehen wird. Gleichzeitig kam ein weiterer Weißer von Norden her in das heutige Staatsgebiet der Provinz. Es war der Engländer Henry Hudson, der auf der Suche nach der Nordwestpassage war und in der nach ihm benannten Meeresbucht seinen Fuß bei Moosenee an Land setzte. Kurz darauf verbündeten sich die französischen Entdecker mit den Huron-Indianern, die sich gegen die kriegerischen Irokesen Stämme schützen wollten. Vor diesem Hintergrund entstanden auch später Coopers Romanhelden „der letzte Mohikaner, Lederstrumpf und Falkenauge“. Doch die Huron-Indianer waren den Irokesen gegenüber nicht wehrhaft genug. Mit unvorstellbarer Brutalität vernichteten sie um 1650 den ganzen Stamm. Kurz zuvor hatten sie an der Georgian Bay im Bereich der Großen Seen bei dem heutigen Midland eine Missionsstation der Jesuiten überfallen und alle Missionare grausam ermordet. Einst war diese palisadenbewehrte Station „Saint-Marie Among the Hurons“ ein wichtiger religiöser Brückenkopf der von Quebec aus operierenden Ordensbrüder. Heute ist sie authentisch rekonstruiert und zählt zu einem der interessantesten Museumsdörfern von Kanada. In den folgenden Jahrzehnten errichteten die Franzosen einige Handelsposten im Bereich des heutigen Ontario, verzichteten aber angesichts der Stärke der Irokesen, deren Haarschnitt noch heute bei einigen Zeitgenossen zu bewundern ist, auf eine Besiedelung. Die große Wende in der Besiedelung Ost-Kanadas brachte der Siebenjährige Krieg, in dem es nicht nur um die Machtansprüche Friedrichs des Großen und von Maria Theresia ging, auch die Franzosen und Engländer bekämpften sich in einem unerbittlichen Kolonialkrieg. Beim Frieden von 1763 zu Hubertusburg und Paris fielen die französischen Besitzungen in Kanada an die Engländer. Doch die Besiedelung Ontarios begann erst 1780, als Tausende von Loyalisten nach dem Amerikanischen Unabhängigkeitskrieg den USA den Rücken kehrten. Da man der Bevölkerung des einstigen Neu-Frankreich die Anerkennung ihrer kulturellen und politischen Eigentümlichkeit garantiert hatte, waren Konflikte mit den englischsprechenden Siedlern vorprogrammiert. Doch auch die Aufteilung des damaligen bekannten Kanadas von 1791 in ein Upper Canada (westlich des Ottawa River) und in ein französisch zugewiesenes Gebiet von Lower Canada brachte keine große Entspannung. Noch heute sind diese Probleme im Osten Kanadas ein heißes politisches Thema. Als dann die US-Amerikaner im Krieg von 1812, York die Hauptstadt von Upper Canada niederbrannten, mußten die Engländer noch einmal um den Besitz ihrer neuen Kolonie bangen. Trotz einer zahlenmäßigen Unterlegenheit erkämpften sich dann die Engländer am 11. November 1813 ihren größten Sieg bei der Crysler Farm am St.-Lorenz-Strom. Mit 800 britischen Soldaten, Kanadiern und Indianern schlugen sie bei dem Ort Mor-

risburg über 4000 Eindringlinge in die Flucht.
1834 wird der Ort York, der in den Sümpfen am Ontario See liegt, umbenannt in Toronto. Damals lebten in der Hauptstadt Ontarios schon über 9000 Menschen. Der erste Bürgermeister von Toronto, William Mackenzie, wollte mit dem Mittel einer Rebellion politische Reformen erzwingen. Doch der Aufstand scheiterte an den alteingesessenen und bevorzugten Familien und an dem starken Einfluß der anglikanischen Kirche. Doch diese erfolglose Rebellion bereitete 1840 die Vereinigung von Upper und Lower Canada vor und führte schließlich 1867 zur Gründung der kanadischen Confederation des Dominion of Canada. Als dann 1896 der Franko-Kanadier Sir Wilfried Laurier zum Premierminister gewählt wurde, begann ein entscheidender Abnabelungsprozeß vom Mutterland Großbritannien. Die Einwohnerzahl von Toronto überstieg damals schon die 200 000er Marke und nur 20 Jahre später wohnten hier über 500 000 Menschen. Die Teilnahme am Ersten Weltkrieg verhalf dem noch jungen Land zur außenpolitischen Souveränität. Die große Einwanderungswelle in den zwanziger und dreißiger Jahren bildete ein riesiges Arbeitskräftepotential, durch das der Reichtum an Holz, Bodenschätzen und Wasserkraft genutzt werden konnte. Das zuvor ausschließlich landwirtschaftlich orientierte Ontario wurde durch die fortschreitende Industrialisierung zur wichtigsten und reichsten Provinz Kanadas. Mit dazu beigetragen haben auch die riesigen Bodenschätze im Norden von Ontario. Im besonderen die größten Nickelvorkommen der Welt bei Sudbury, die Goldvorkommen von Timmins und am Kirkland Lake und die Uranfunde in den fünfziger Jahren am Elliot Lake. Ein wichtiger Faktor für die wirtschaftliche Vormachtstellung ist natürlich auch die Nähe zu den amerikanischen Märkten an den Großen Seen, ein weiterer entscheidender Punkt war 1959 die Eröffnung des St.-Lorenz-Seeweges, der es Überseefrachtern ermöglicht bis in das Herzland von Kanada und den USA vorzudringen. Die Provinz erzeugt heute mehr als die Hälfte der in Kanada hergestellten Waren. An erster Stelle steht die Automobilproduktion und selbst bei den landwirtschaftlichen Produkten hat Ontario in Kanada die Nase vorn. Diese Führungsposition gipfelte dann 1976 mit der Fertigstellung des CN Towers, dem höchsten freistehenden Turm der Welt. In dieser wohl geschichtsträchtigsten Provinz von Kanada spielt auch immer mehr der Tourismus eine tragende Rolle. Natürlich ist das Wort „Massentourismus“ hier unbekannt, viel zutreffender ist der Begriff vom „Urlaubsland der unbegrenzten Möglichkeiten“. Hinzu kommt noch, daß die Gastfreundschaft der Menschen, die unter den ersten Siedlern ganz natürlich gewachsen war, bis heute lebendig geblieben ist. Bei einer Ausdehnung von 1 072 028 qkm sind in Ontario nahezu 20% der Provinzfläche mit Gewässern, rund 250 000 Seen und Flüsse bedeckt. Ontario gleicht in bezug auf Ferienerlebnisse den bunten Flickenteppichen der Siedler und Pioniere, die dieses Land einst geprägt haben. Auf den folgenden Seiten möchte ich nicht nur die touristischen Highlights der Provinz beschreiben, sondern ich möchte auch einige Menschen vorstellen, die immer noch diesen Pioniergeist verkörpern.

Seite 20:
Toronto, die Hauptstadt von Ontario, wird beherrscht von dem CN Tower, mit 534 m der höchste freistehende Turm der Welt.
FUJI Panorama-Kamera G 617

Seite 21:
Bei Sonnenschein kann das 9000 Tonnen schwere Stahlbetondach des Sky Dome geöffnet werden, dann sitzen über 53 000 Baseballfans im Freien und können unmittelbar am CN Tower die wärmende Sonne Ontarios genießen.
FUJI Panorama-Kamera G 617

328

Has hit in 11 of his
last 13 games (.328)
NIXON
400

328

Toronto, Kanadas größte Stadt

ONTARIO

„Halt, bevor wir mit dem Fahrstuhl hinauffahren, mußt du noch den Originalfelsen vom Schweizer Matterhorn berühren", rief mir mein Begleiter Jürg Sommer zu. Als ich mich fragend umschaue, deutet er auf einen dunklen, etwa 1,50 Meter hohen Stein, der direkt neben dem Fahrstuhl steht. Doch meine Chancen diesen Stein zu berühren sind sehr gering, denn hinter mir schiebt mich eine riesige Menschenmenge zum Fahrstuhl. „Wir holen das beim Herunterkommen nach", höre ich Jürg noch hinter mir rufen, während sich die Fahrstuhltür öffnet und die Menge mich hineinschwappen läßt. Kaum hat sich die riesige Kabine gefüllt, brausen wir mit 360 Metern pro Sekunde in nur 58 Sekunden im höchsten Fahrstuhl der Welt auf die schwindelnde Höhe von 351 Meter. Hier oben haben wir im welthöchsten Dreh-Restaurant einen Tisch bestellt. Jetzt zum Sonnenuntergang ist das Restaurant, das den Turm umschließt, völlig überfüllt und ich bin froh, daß wir reserviert haben. Während wir zum Tisch geleitet werden, sagt Jürg zu mir: „Von hier oben kannst du am besten meine Heimatstadt Toronto kennenlernen. Ich werde dir alles erklären, damit du für deine nächsten Exkursionen in Kanadas größter Stadt gut gerüstet bist." Fast hätte ich es vergessen, ich habe Ihnen ja noch gar nicht meinen Begleiter Jürg Sommer vorgestellt. Er wird der gute Geist in diesem Buch über die Provinz Ontario sein, mit seiner Unterstützung verhalf er mir zu Informationen, die ich als Besucher niemals erfahren hätte. Hinzu kamen noch seine Verbindungen zu wichtigen Persönlichkeiten der Wirtschaft und der Politik und sein Wunsch, daß dieses Buch meine anderen Bild-Text-Bände über die kanadischen Provinzen in den Schatten stellen sollte. Jürg, wie der Vorname schon aussagt, ist gebürtiger Schweizer, der vor vielen Jahren nach Kanada auswanderte und sich in Toronto niederließ. Als ehemaliger Jet-Pilot der schweizerischen Bundesluftwaffe und Bänker brachte er hervorragende Voraussetzungen als Einwanderer mit. Mittlerweile zählt er zu den Millionären der Stadt, der mit einem Rolls Royce als Zweitwagen und einem 850er BMW seinen Reichtum und Erfolg stolz nach außen zeigt. Außer seinen vielfältigen geschäftlichen Aktivitäten ist er im Hauptberuf Mitinhaber und Manager des Holiday Inn Hotels an Torontos King Street. Ein Hotel, das in unmittelbarer Nähe des CN Towers durch seine eigenwillige und moderne Architektur sich auffällig aus dem grau der Straßenschluchten abhebt. Als Mitglied der schweizerisch-kanadischen Handelskammer hatte er vor einigen Jahren der Stadt eben diesen besagten Felsen vom Matterhorn vermacht, der jetzt am Eingang des 553 Meter hohen Turmes die Besucher begrüßt. Dieser höchste freistehende Turm der Welt ist ohne Zweifel das große Wahrzeichen von Toronto, der 2,4-Millionen-Stadt (3,9 Millionen mit Vororten) am Lake Ontario. Fertiggestellt wurde er 1976 als Kommunikations-Turm, gleichzeitig ist er aber auch das Synonym für nordamerikanischen Gigantismus.

Kaum haben wir Platz genommen, versuche ich das letzte Licht des Tages noch fotografisch zu nutzen. Die Aussicht ist überwältigend und faszinierend. Das Dreh-Restaurant gibt uns gerade den Blick zu den über 100 Kilometern entfernten Niagara Fällen frei. „Leg deine

Kamera aber nicht auf der äußeren Umrandung ab, die sich direkt neben deinem Stuhl befindet“, ermahnt mich Jürg. „Denn die steht still, während das Lokal sich dreht. Nach genau 72 Minuten kommst du erst wieder zu diesem Platz zurück, nur dann dürfte deine Leica Kamera nicht mehr hier sein.“ Als Aperitif empfiehlt mir mein Begleiter einen Bloody Ceasar, der danach auch schon bald mein Lieblingsgetränk in Toronto werden sollte. Das blutrote Getränk ist eine Mischung aus Wodka, Muschel- und Tomatensaft, einem Schuß Tabasco und einem Spritzer Worchestersauce, das Ganze wird dann noch mit einer Limone on top serviert. Für Jürg, den ich vor einigen Jahren im winterlichen Toronto kennenlernte, scheint dieser Besuch so hoch oben über der Stadt die totale Entspannung zu sein. Denn immer, wenn er sich wohlfühlt, zündet er sich eine Havanna an. Nach einem bedächtigen Zug an seiner Zigarre beginnt er mir sein Toronto, sozusagen aus der Vogelperspektive, zu beschreiben. „Also dort, in südwestlicher Richtung im Dunst, liegen die Niagara Fälle. Davor siehst du den Gardiner Expressway, der hier unter uns am Ontario Place vorbeiführt.“ Dieser Platz ist ein 39 Hektar großes Ausstellungsgelände, das aus kleinen Inseln und futuristischen Gebäuden besteht. Weithin sichtbar ist das Rundkino Cinesphere IMAX mit einer 16 Meter hohen Leinwand, dessen Äußeres an einen überdimensionalen Golfball erinnert. Während sich das Restaurant weiterdreht und wir unser Essen serviert bekommen, macht mich Jürg auf die nächste Attraktion aufmerksam. „Gleich kommt mein Hotel in unseren Sichtbereich.“ Erstaunt ruft er: „Schau dir das an, von hier oben sieht es nochmals so schön aus.“ Recht hat er, denn das schneeweiße Hotel mit seinen seitlich versetzen Stockwerken ist schon von weiten gut zu sehen. Es sieht so aus, als hätte der Architekt eine amerikanische Hochzeitstorte als Vorbild genommen. Über 68 verschiedene Grundrisse verteilen sich auf 426 Zimmer. Von hier oben kann ich auch gut das Freiluftschwimmbad entdecken, das sich auf halber Höhe des Gebäude befindet. Während er genüßlich an seiner Zigarre zieht, verspricht er mir: „Wenn wir wieder unten sind, stelle ich dir die drei Restaurants unseres Hotels vor.“ Stolz schwärmt er: „Du mußt unbedingt die Live-Jazz-Musik in unserem Restaurant ‚JUDY Jazz‘ abends erleben. Einmal in der Woche überträgt sogar CBC, der große staatliche Fernsehsender, unser Programm kanadaweit. Direkt hinter dem Hotel fängt Chinatown an, dort werden wir gemeinsam eine Peking-Ente essen und einen chinesischen Arzt mußt du dann auch noch konsultieren.“ Langsam, aber doch spürbar dreht sich das Turm-Restaurant weiter. Halbrechts unter mir kommen die Wolkenkratzer der Downtown immer mehr in unser Blickfeld. Wir können direkt in das langgezogene Band der University Avenue schauen. Wo am Anfang das Hochhaus der Canadian Life and Insurance Company steht. Auf dem Dach an einem kleinen Turm leuchtet eine weiße Lichterkette auf, auf der man die neuesten Wetterprognosen ablesen kann. Im letzten Schein der Sonne kann ich nun auch das neue Rathaus von Toronto entdecken. Dieses eigenwillige Gebäude, das aus zwei halbkreisförmigen Bürohochhäusern besteht, wurde von einem finnischen Architekten entworfen und

Seite 24:
Zwischen den Hochhäusern der Banken ein Relikt aus dem vergangenen Jahrhundert, das rostbraune Gooderham Building in der Front Street.
LEICA R6

Seite 25 unten links:
Al Carbone, ein Italo-Kanadier mit Leib und Seele, ist eine der schillernden Personen des Torontoner Nachtlebens.
Nikon F4

Seite 25 oben links:
Erst durch die Vermittlung von Jürg Sommer bekam ich die Chance den „Zaren“ der kanadischen Musical-Szene, David Mervish, zu interviewen. Er ist Besitzer der wichtigsten Theater von Toronto. Mit seinem Vater Ed restaurierte er das 1907 gebaute Royal Alexandra Theatre.
Nikon F4

Seite 25 rechts:
Das überdachte Eaton Centre wurde 1979 eröffnet; es wurde von dem deutschstämmigen Eberhard Zeidler entworfen und gilt als eines der schönsten Einkaufszentren der Welt.
Nikon F4

Das Eaton Centre

Im Herzen von Toronto, im Straßenblock von Yonge und Queen Street, liegt Kanadas zweitgrößtes Einkaufszentrum. Unter einem weitläufig geschwungenen Glasdach befinden sich über 300 Geschäfte. Auf sechs verschiedenen Ebenen, die teilweise mit Bäumen bepflanzt sind, laden 40 Fast-food-Ketten und acht Restaurants zum Verweilen ein. Das alles überragende Wahrzeichen des ‚shopping centre" sind die in der Nähe des Eingangs schwebenden Kanadagänse.

erst 1965 fertiggestellt. Direkt daneben befindet sich noch das alte Rathaus aus dem Jahre 1899. Unmittelbar anschließend kann ich die glasüberdachte, langgezogene Halle des zweitgrößten Einkaufszentrums von Kanada, das Eaton Centre, ausmachen. Auf vier Etagen warten hier rund 300 Läden und 70 Restaurants auf den Kunden. Leider degradiert dieses interessante Einkaufszentrum immer mehr zur reinen Touristenattraktion, denn mittlerweile stecken die Betreiber in einer Finanzkrise, nachdem die Einkaufszentren in den Vororten wie Pilze aus dem Boden geschossen sind. Die Straße, an der das Einkaufszentrum liegt, soll die längste der Welt sein. Dieses behauptet jedenfalls das Guinness Buch der Weltrekorde über die 1886 Kilometer lange Yonge Street. Ohne Zweifel ist die, nach Sir George Yonge benannte Straße, der Mittelpunkt und das pulsierende Herz von Toronto und das schon seit 200 Jahren. An dieser schnurgeraden Straße ist der Kommerz der Motor. Hier sind alle großen Geschäfte vertreten und gleichzeitig die schlüpfrigsten Nachtbars, wie das Brass Rail. Unterdessen haben wir uns nach Osten gedreht und die Straßenschluchten werden schon nicht mehr von der Sonne berührt. Allmählich gewinnen die Lichter der Stadt die Oberhand und auch an unseren Tischen werden die Kerzen angezündet. Weit nach vorn muß ich mich beugen, um die zwei Dutzend Bahnschienen in ihrer ganzen Breite steil unter mir zu sehen. Sie führen fast alle durch einen riesigen Bahnhof hindurch. Die Union Station ist ein wahrer Palast, der von 22 Säulen aus Sandstein gestützt wird. Seit dem die staatliche Eisenbahngesellschaft Via Rail viele Strecken eingespart hat, ist dieser Bahnhof mit seiner 27 Meter hohen Halle zwar nicht mehr der große Knotenpunkt, aber viel Betrieb ist hier immer noch. Denn von hier aus kann man mit den grünweißen GO-Trains in die Vororte von Toronto fahren. Genau gegenüber steht das altehrwürdige, über 70 Jahre alte Royal York Hotel. Mit seinen über 1300 Betten ist es das große Aushängeschild der Canadian Pacific Hotelkette. Selbst im Halbdunkel kann ich das Grünspandach noch gut erkennen. Schräg dahinter steht mit 72 Stockwerken das höchste Hochhaus der Stadt. Der alles überragende First Canadian Place ist sogar von außen komplett mit weißem Marmor verkleidet. Während ich noch die Wolkenkratzer tief unter mir bewundere, deutet Jürg zum Horizont und sagt mit glänzenden Augen: „Schau mal, ganz hinten, am Ende der Downtown, dort liegt das Manulife Centre. Das wird eine unserer nächsten Stationen beim kommenden Bummel durch das Nachtleben von Toronto sein. Oben unter dem Dach, im 51. Stockwerk, liegt eine tolle Bar mit dem sehr treffenden Namen Panorama. Nach Büroschluß treffen sich hier die Yuppies und die Vorzimmerdamen, die sich gern mit ihrem Designer-Outfit aus der Masse hervorheben möchten.“ Doch bevor er mir noch weiter von dem Szene-Treff vorschwärmen kann, dreht sich unser Restaurant weiter und gibt den Blick frei in Richtung Süd-Ost. Doch hier gibt es in der Dunkelheit nicht viel zu sehen. Wir schauen über den Ontario See bis hinüber zu einer kleinen Inselgruppe, wo nur wenige Lichter zu uns hinüber leuchten. Es sind die Toronto Islands, die an Wochenenden von vielen Familien mit Kindern als Naherholungspark genutzt

werden. Hier gibt es Grillplätze, Tennisplätze, einen Freizeitpark, einen Kinderzoo und sogar einen Flugplatz für Sportflugzeuge. Von hier aus entstand auch das Titelfoto für dieses Buch. Doch um Toronto bei Nacht zu fotografieren, bedarf es rechtzeitiger Planung. Denn die letzte Fähre verläßt die Insel um 23.00 Uhr und bis dahin muß das Nacht-Panorama im Kasten sein.
Wie im Flug verging die Stunde im Drehrestaurant. Unser Menü hatten wir ebenfalls erfolgreich beendet und so beschließen wir, uns in das Nachtleben von Toronto zu stürzen. Zuvor machen wir noch einen Abstecher auf dem „Glass floor", ein Glasboden, der auf 447 Meter Höhe den totalen Durchblick bis hinunter bietet. Während wir zu einem der vier Fahrstühle gehen, passieren wir einige Dinge, die mich sehr an Disney World erinnern. Hier oben sind in schwindelnder Höhe Computerspiele, wie Virtual World oder Cyper Monsters zum Zeitvertreib aufgestellt und diese Spiele sind von vielen Besuchern des CN Towers umlagert. Für mich persönlich der größte Unsinn. Doch so ist halt das geschäftstüchtige Amerika und bei 1,8 Millionen Besuchern jährlich, lohnt es sich jede Nische auszunutzen. Der Weg nach unten führt über vier Fahrstühle, oder über 2570 Stufen. Da ich aber das Nightlife noch in vollen Zügen genießen möchte, verzichte ich auf das Angebot von Jürg, mit ihm gemeinsam hinunterzulaufen.
„Wo fangen wir an", fragt mich Jürg. Doch diese Frage bleibt von mir unbeantwortet und schulterzuckend erwidere ich: „Ich kenne mich nicht so gut hier aus, sag' du, wo es lang geht." „Okay, gehen wir zuerst einmal zum Holiday Inn zurück, es ist nur fünf Minuten zu Fuß von hier entfernt. Von dort werden wir zu unser nächtlichen Exkursion ausschwärmen." Während ich in JUDY's Jazz Bar auf Jürg warte, erledigt er noch einige dienstliche Belange im Hotel. „Das Auto können wir stehen lassen, wir brauchen nicht weit zu gehen", verspricht er verheißungsvoll und ich bin schon ganz gespannt, wo wir anfangen werden. Zu unserem ersten Stopp, dem populären Lokal „Kit Kat", brauchen wir nur die King Street zu überqueren. Stürmisch wird dort Jürg von einer Person begrüßt, die mit seiner Leibesfülle die ganze offene Tür ausfüllt. „Darf ich dir hier Al Carbone, den Besitzer des Lokals vorstellen", stellt mir Jürg den etwas untersetzten Herrn vor. Zu mir gewandt flüstert er mir heimlich ins Ohr: „Der Pate vom Entertainment District." Überschwenglich werde auch ich begrüßt, als Jürg mich vorstellt und er so nebenbei erwähnt, daß ich über das Nachtleben Torontos schreiben möchte. Sofort organisiert er einen Tisch und fragt: „Was darf ich euch zu Essen bringen?" Auch als wir dankend ablehnen, läßt er sich nicht abwimmeln. „Da kommt ihr nicht herum, ihr müßt unbedingt meine Spaghetti probieren", sagt er bestimmend und deutet dabei an, daß er keinen Widerspruch zulassen würde. Stolz erwähnt er: „Wenn die Rolling Stones hier in Toronto gastieren, kommt der Gitarrist Keith Richard immer zu mir zum Essen, nur wegen meiner Pasta." Doch während wir seine Spaghetti probieren, verschwindet er wie von Geisterhand und wir sehen ihn nicht mehr. Da wir an diesem Abend noch mehr Bars aufsuchen wollen, bleiben wir nicht lange. Doch die Bedienung legt schon unsere nächste Station fest.

Seite 28 unten:
Für Jürg Sommer, dem Manager des Holiday on King, ist es sehr wichtig, immer ein gutes Verhältnis zur Polizei zu haben. Contable Douglas Miller und Begleiterin von der berittenen Metropolitan Toronto Police ließen sich gern von mir fotografieren.
Nikon F4

Seite 28 oben:
Das eindrucksvolle Rathaus von Toronto besteht aus einem weißen Kuppelbau zwischen zwei konkaven, turmartigen Hochhäusern mit 20 und 27 Stockwerken. Der Entwurf stammt von dem finnischen Architekten V. Revell. Mit diesem 1965 eingeweihten Komplex wurde der Bauboom in Toronto ausgelöst.
Leica R6

Seite 29 oben:
Mosaik statt Schmelztiegel. Torontos Chinesenviertel ist die zweitgrößte Chinatown von Kanada. Eine kleine Welt mit eigener Sprache und Tradition.

Seite 29 unten:
Am Blue Jays Way findet der Eishockeyfan die zweistöckige Bar des berühmtesten kanadischen Eishockeyspielers, Wayne Gretzky.
Leica R6

Toronto-News

Derzeit baut „The Canadian Opera Company“ in der Innenstadt ein Opernhaus mit 2100 Sitzplätzen. Zwei neue Sportarenen sind in der Planung: das Air Canada Centre für das Basketball-Team der Toronto Raptors und ein neuer Maple Leaf Garden für das Eishockey-Team der Maple Leafs. Im Juli 1998 wurde im Hafen „The Pier“ eröffnet. In einem alten Lagerhaus zeigt diese neue Attraktion die Schiffahrtsgeschichte von Toronto. Die Börse (Toronto Stock Exchange) verfügt jetzt über ein Besucherzentrum, das in einer Multi-Media-Schau die Welt des „cyber trading“, des Handels von Wertpapieren per Computer erläutert. An der Schwelle zu einem neuen Jahrtausend zählt man nun in Toronto 2,3 Millionen Einwohner, im Großraum sogar über 4,6 Millionen.

HOPE CHEUNG TRADING CO. LTD
PEOPLE'S BOOK CO.
Champion House
SZECHUEN & PEKING CUISINE
478-480 Dundas St.W.

Wayne Gretzky's
Toronto

„Al mußte in seinen anderen Club, deshalb sollt‘ ihr umgehend dorthin nachkommen“, berichtete sie uns. Total überfüllt ist der Club Lucky in der John Street, der nur zehn Minuten Fußweg von der King Street entfernt liegt. Trotz der dichtgedrängten Menschenmenge erkennt mich Al Carbone sofort wieder und er begrüßt mich wie einen alten Freund. „Ich hoffe, du hast eine gute Kondition, denn es wird eine lange Nacht werden“, droht mir Jürg. Auch hier halten wir es nicht lange aus und schnell eilen wir unserem nächsten Ziel zu. Diesmal ist es das Bamboo, ein Rock- und Pop Club in der 312ten Queen Street West, der uns mit lauter Live-Musik begrüßt. Am Eingang müssen wir fünf Dollar „Cover charge“ (Eintrittsgeld) entrichten und schon sind wir mittendrin im Gewühl von Menschen aller Hautschattierungen. Doch die Musik geht uns hier durch Mark und Bein und so beschließen wir die nächste Station anzulaufen. Die ist nur eine Straße weiter. Jürg prophezeit: „Jetzt gehen wir in den absoluten Mega-Club von Toronto, wo meistens um Mitternacht noch 200 Leute Einlaß begehren.“ Ganz klar, daß er natürlich auch hier seine Beziehungen hat. Durch eine Hintertür des „Whiskey Saigon“ in der Richmond Street werden wir zum Dancefloor in die 3. Etage geleitet, hier kocht der Saal. Das Publikum ist jung und teilweise extrem in der Kleidung und trotzdem ist aber die Musik für meinen Geschmack etwas zu konservativ. Aus riesigen Lautsprechern schallt mir die Rockmusik von dem kanadischen Superstar Brian Adams entgegen. Der flippige Discjockey Shawn brüllt mir ins Ohr: „Wir sind sehr froh, daß man hier in Toronto die Sperrstunde auf zwei Uhr verlängert hat. Willst du mal unser neuestes Szene-Getränk probieren“, fragt er mich mit einer Art von Zeichensprache. Doch kaum halte ich das Schnapsglas in den Händen und rieche das dunkle Getränk, ist es mir völlig klar, was es ist. Ich rufe Jürg zu: „Das kann nur Jägermeister sein!“ „Stimmt, das ist hier der letzte Schrei“, bestätigt er meine Vermutung. Es wird eine lange Nacht und ich lerne noch viele Torontonians kennen, die alle diese warme Nacht im August in vollen Zügen genießen wollen. Ganz schnell wird mir klar, weshalb man Toronto nach New York als die kosmopolitischste Stadt von Nordamerika bezeichnet. Hier sind alle Hautfarben vertreten und keiner hat Ressentiments dem anderen gegenüber. Menschen aller Rassen gehören schon längst zum Erscheinungsbild der Metropole des kanadischen Big Business. Doch ohne die Einwanderer aus aller Welt hätte man diesen Aufschwung nicht vollbringen können. Rund 500 000 Italiener, 150 000 Chinesen, 120 000 Deutsche und fast ebenso so viele Osteuropäer, 90 000 Griechen und unzählige Menschen aus vielen weiteren Ländern haben sich vor allem seit Ende der fünfziger Jahre in der Stadt niedergelassen. Und der Zustrom hält an, besonders aus den Ländern der Dritten Welt. In 1996 kamen über 210 000 Einwanderer nach Kanada, davon blieben allein 54 % in Ontario. Die meisten der mehr als 60 Volksgruppen leben in weitgehend geschlossenen Gemeinschaften und Vierteln. Am besten hat mir das Chinesische Viertel zwischen der Dundas Street und Spadina Avenue gefallen. Als ich hier nachmittags durch die geschäftigen Straßen bummelte, fühlte ich mich trotz der vielen Menschen sehr sicher. In-

teressant wird es, wenn man eine chinesische Apotheke aufsucht, wo unzählige getrocknete Fische als Heilmittel angeboten werden. Bei fast jeder Apotheke findet man auch im Hinterzimmer einen Arzt oder eine Ärztin. Jürg schlug mir vor, ich solle mich doch einmal untersuchen lassen. So fand ich mich wieder bei der Kiu Shun Trading Company in der Dundas Street, die zu ebener Erde eine der größten Apotheken von Chinatown beherbergt. Im hinteren Teil, abgeschirmt durch einen weißen Wandschirm, untersuchte mich eine chinesische Ärztin. Mit unzähligen Fragen versuchte sie sich ein Bild über meinen Gesundheitszustand zu machen. Als ich die meisten Fragen positiv beantwortete und sie durch ihre Befragung keine Krankheiten feststellen konnte, verlangt sie mürrisch von mir sieben Dollar und behauptet ich sei kerngesund.
Ein kulinarischer Höhepunkt in der Chinatown von Toronto ist ohne Zweifel die berühmte Peking-Ente. Jürg hatte in diesem Zusammenhang einen Geheimtip parat. Über einem chinesischen Einkaufszentrum an der Ecke von Dundas Street und der Spadina Avenue würde es ein Restaurant geben, das nur von asiatischen Gästen besucht wird. Schon am nächsten Abend entführt er meine Frau und mich dorthin. Mit dabei ist auch seine Frau Ingrid, eine sehr attraktive blonde Frau, die nicht nur hier die Blicke der Männer auf sich zieht. Als wir in dem ziemlich schmucklosen Restaurant ankommen, hat eine chinesische Hochzeit gerade alle Räume blockiert. Doch auch hier schafft es Jürg, daß wir den einzigen freien Tisch noch bekommen. Wir starten mit einer „Hot and Sour Soup", einer sehr wohlschmeckenden süß-sauren Suppe und trinken dazu ein „Tsing Tau", ein chinesisches Reis-Bier. Danach wird die Peking-Ente, die schon einen halben Tag an der Luft getrocknet war, unmittelbar am Tisch tranchiert. Das gegrillte Entenfleisch wird dann mit einem riesigem Beil zerkleinert und in Eisbergsalat eingewickelt. Dazu werden verschiedene Soßen gereicht, deren Geschmacksrichtungen mir völlig neu sind. Nachdem wir fast den ganzen Abend mit dem Verspeisen der Pecking-Ente zugebracht haben, kommt für mich die größte Überraschung: Dieses Menü, das für uns vier völlig ausreichend war, kostet mit Getränken nur 69 Dollar.
Der nächste Tag beschert uns Eintrittskarten für den Sky Dome, das wohl interessanteste Stadion von ganz Kanada. Hier, am Fuße des CN Tower, wollen wir die Toronto Blue Jays, Kanadas große Baseball Mannschaft, einmal live erleben. Obwohl es fast 60 000 Zuschauern Platz bietet, ist es heute nur zur Hälfte gefüllt. Vielleicht hat der strahlende Sonnenschein viele Fans in das Grüne gelockt, obwohl man auch hier im Sky Dome die Sonne in vollen Zügen genießen kann. Denn das riesige Kuppeldach kann innerhalb von 20 Minuten bei Sonnenschein geöffnet werden. In der Pause versucht mir Jürg die Spielregeln zu erklären, doch Baseball wird wohl für mich immer ein Spiel mit sieben Siegeln bleiben. Auch nach der Pause, die wir in Nordamerikas größten McDonalds (500 Sitzplätze) verbracht hatten, begreife ich das Spiel immer noch nicht. Aus Sympathie jubele ich jedesmal mit, wenn die Chikago Red Socks wieder einen Ball nicht fangen konnten. Erwähnenswert ist das im selben Stadion beheimatete Sky Dome Ho-

Seite 32:
Seit seiner Eröffnung 1976 zählt der CN Tower zur beliebtesten Attraktion von Toronto. Das Foto auf der folgenden Seite der Downtown wurde vom Space Deck aus einer Höhe von 445 m aufgenommen.
Leica R6

Seite 33:
Viele Zimmer des Holiday on King haben einen Balkon, von hier fotografierte ich den nächtlichen CN Tower.
Leica R6

tel, das mit 346 Räumen nicht nur auf Sportfans wartet. Die kommen natürlich auch hier auf ihre Kosten. 70 Räume haben einen direkten Blick auf das Spielfeld, in dem acht Jumbos B747 Platz finden würden. Doch das Monument des Sports steht an der Carlton Street. Es ist die Eishockey Arena Maple Leaf Gardens. Von 1300 Arbeitern während der großen Depression 1931 fertiggestellt, steht heute das 20 000 Zuschauern fassende Gebäude vor dem Abriß. Doch seit 1989 versucht Maria Cuthbert vom Toronto Historical Board die Eishockey-Ikone zu retten, in dem schon Elvis Presley und die Beatles auftraten. Doch der wahre Eishockeyfan kommt an der „Hockey Hall of Fame“ nicht vorbei, denn hier, in der Ruhmeshalle des Eishockey, ist der berühmteste aller Pokale ausgestellt, der Stanley Cup. Für 9,50 Dollar kann man eines der schönsten Sportmuseen von Kanada kennenlernen, mit handsignierten Schlägern und vielen interaktiven Spielen für die Kids. Es liegt am architektonisch preisgekrönten BCE Place. Ein besonderes gelungenes Beispiel für die Symbiose von alt und neu. Der lichtdurchflutete Platz nimmt gleichzeitig die alten, viktorianischen Fassaden der unteren Yonge Street auf und bietet in einem Atrium, das einem europäischen Dorfplatz nachempfunden ist, eine Ruhezone. In dieser Oase unter einem Glasbaldachin, wo auch die erste Zweigstelle der Commercial Bank von 1845 zu finden ist, finden wir die „Goldgrube“ Mövenpick. Als Marché Restaurant von dem deutschen Self-made-Millionär Jörg Reichert 1992 ins Leben gerufen, ist es heute der Geheimtip für europäische Eßkultur in Toronto. Seit dieser Eröffnung geht es mächtig bergauf mit den Mövenpick Restaurants in Kanada. Schon ein Jahr später machte die Kette mit fünf Restaurants einen Umsatz von 34 Millionen kanadischen Dollars. Viele der Bediensteten sind sehr junge Leute und sie bekommen einen für europäische Verhältnisse bescheidenen Fixlohn von knapp sieben Dollar. Hinzu kommt noch ihr Anteil an den 10 Prozent Service, der auf jeder Rechnung automatisch erhoben wird. So kommt man hier auf ca. 10–12 Dollar pro Stunde. Im Krankheitsfall werden, wie in der Gastronomie in Kanada üblich, die ersten fünf Tage kein Lohn bezahlt, dennoch können die Mövenpickgesellschaften aus vielen Bewerberinnen und Bewerbern auswählen. Das Marché ist u. a. von morgens sieben bis nachts um zwei Uhr geöffnet. Überall kann man die wirtschaftliche Aufbruchstimmung fühlen. Unmittelbar neben CN-Tower entsteht ein Milliarden-Projekt, das den „Raptors“, Torontos NBA Basketballteam, ein neues Stadion bescheren soll. Die „Canadian Opera Company“ will bis zum Jahr 2000 ein neues Opernhaus in der Innenstadt eröffnen, das 2100 Opernfans Platz bieten soll. Mit über 150 Millionen Dollar will die Stadt am berühmten Einkaufszentrum der Touristen, dem „Eaton Centre“, das u. a. von dem deutschen Architekten Eberhard Zeidler entworfen wurde, ein Stadtzentrum der Superlative entstehen lassen. Die Architektur der Stadt am Lake Ontario ist weltberühmt, die nicht nur im höchsten freistehenden Turm der Welt gipfelt, denn dieser ist nur ein Vorgeschmack auf weitaus diffizilere Freuden für den Kenner, der Toronto mit offenen Augen erlebt.

Autokauf in Kanada

Wer sich in Europa für den Kauf eines amerikanischen Neuwagens interessiert, muß in den meisten Fällen mit sehr hohen Preisen rechnen. Zum Teil beträgt die Preisdifferenz über 20000 DM. Durch dieses hohe Preisgefälle und durch den immer noch günstigen Wechselkurs zum kanadischen Dollar kann man leicht auf die Idee kommen, den nächsten Urlaub in Kanada mit einem Autokauf zu verbinden. Möglich ist es, doch so ganz einfach ist es nicht. Wie es am einfachsten geht und wie man ohne große Probleme zu seinem amerikanischen Traumwagen kommt, möchte ich hiermit aus eigener Erfahrung näher beschreiben.

Persönlich halte ich nichts von dem Kauf eines Fahrzeugs auf eigene Faust, um es dann womöglich noch für Ausflüge benutzen zu wollen. Denn es ist sehr schwierig, als Ausländer eine Autoversicherung (Road Tax zwischen 300 und 500 Dollar) abschließen zu können, hierfür ist u. a. eine Anschrift in Kanada erforderlich. Hinzu kommt noch, daß man bei einer Kurzzeitversicherung keine Vollkaskoversicherung abschließen kann, für den ungeübten Autofahrer ein Aspekt, den man auf jeden Fall beachten sollte. Weiterhin wird auf den Wert des Wagens die staatliche Steuer (GST) von sieben Prozent und die jeweilige Provinzsteuer (FST), die je nach Provinz zwischen drei und zehn Prozent betragen kann, aufgeschlagen. Die GST wird u. a. zurückerstattet, wenn das Fahrzeug nach vier Wochen das Land verläßt. Gering an Kosten dagegen ist die Anmeldung (Vehicle Registration), die mit 40 Dollar und den noch zu berechneten Nummernschilder den finanziellen Einsatz abrundet. Eine Möglichkeit möchte ich nicht unerwähnt lassen, die aber leider für die meisten Urlauber nicht in Frage kommt. Es ist einfacher, wenn man z. B. einen Bekannten in Kanada hat, der dann das Fahrzeug auf seinen Namen kauft und zuläßt. Später, am Ende der Reise, kauft man es ganz einfach und verschifft es nach Europa. Der Automarkt und die Versorgungssituation ist speziell in Kanada sehr gut. Fast alle amerikanischen Modelle sind hier erhältlich, hinzu kommt noch, daß rund 18% aller US-Autos in Kanada hergestellt werden. Diese Fahrzeuge sind dann in der Regel besonders günstig, hierzu zählen die in Europa relativ teuren Modelle der Chrysler und Dodge Caravan MiniVan Serie, der Chevrolet Camaro und Lumina und der berühmte Pontiac Firebird, der in Quebec gefertigt wird.

Der beste und sicherste Weg sein Wunschauto aus Kanada zu beziehen, ist aus meiner Sicht der Import über einen professionellen Exporteur. Einer von ihnen ist die Firma United Auto Auction Ltd., die in Oakville vor den Toren von Toronto ihren Sitz hat. Hinter diesem Namen verbirgt sich das Unternehmen der deutschstämmigen Familie Sackmann. Mutter Doris, die seit 30 Jahren im Exportgeschäft ist und nach dem Tod ihres Mannes mit ihrem Sohn Michael den Betrieb führt. Sie können praktisch jedes Fahrzeug, das auf dem amerikanischen Automarkt zur Verfügung steht, besorgen. Sie haben sogar einen eigenen Zubringerdienst, der die Neuwagen zum Verladehafen transportiert. Es ist noch nicht einmal erforderlich, daß man nach Kanada kommt, um dort das Fahrzeug zu kaufen. Ein Anruf genügt und die deutschsprechende Familie Sackmann macht ein Angebot. Wenn man sich dann

Seiten 36/37:
Die amerikanischen (links) und die kanadischen Wasserfälle bilden die imposanten Niagara Fälle. Dieses Foto ist ein gutes Beispiel für den Einsatz meiner superbreiten FUJI Panorama-Kamera.

Seiten 40/41:
Über 13 Millionen Besucher stehen alljährlich staunend vor den Niagara Fällen, wo pro Minute die unglaubliche Menge von 170 Millionen Liter Wasser in die Tiefe stürzen.
Neun Zehntel entfallen auf die 54 m hohen kanadischen „Horseshoe Falls" und nur ein Zehntel auf die „American Falls". Bis zu 100 m hoch ist die Gischtwolke, die an klaren Tagen sogar von Toronto aus zu sehen ist.
FUJI Panorama-Kamera

handelseinig ist, wird der Betrag überwiesen oder bei der Spedition Lako Trans-Container GmbH. in Bremerhaven hinterlegt. Der Rest ist dann nur noch eine Frage der Zeit und die beschränkt sich in der Regel auf vier Wochen. Natürlich sollte man schon ein Auto auswählen für das die Ersatzteilversorgung in Europa gewährleistet ist und das sich ohne große Probleme auf die europäischen Normen umrüsten läßt. Das heißt: Ein Datenblatt und ein Abgasgutachten sollte schon beim deutschen TÜV für das ausgewählte Fahrzeug vorliegen. Die Frachtkosten von Oakville über New York nach Bremerhaven betragen rund 1400 Dollar, hinzu kommt noch eine Versicherung von rund 300 Dollar. Der Kunde kann auch entscheiden, ob das Fahrzeug normal verschifft wird oder im etwas sicheren Container reist, der dann noch die Zuladung von Gegenständen zuläßt. In der Regel braucht das Schiff 14 Tage um Bremerhaven zu erreichen. Dort kann man das Fahrzeug selbst durch den Zoll bringen, doch für den ungeübten Autoimporteur ist es ein endloser Papierkrieg, der mindestens zwei Stunden Nerven kostet. Außer der Zollunbedenklichkeitsbescheinigung und den vorher ausgefüllten Zollpapieren muß noch der Zoll von zehn Prozent und die auf diesen Betrag anfallende Mehrwertsteuer von 16% auf den Tisch gelegt werden. Hinzu kommen noch die Normen des deutschen TÜV hinzu, wie zum Beispiel die Ausnahmeregelung für die fehlende Leuchtweitenregulierung, Scheinwerfer mit einer europäischen Zulassung, Abschlepphaken vorn und hinten, usw. Viel besser geht es mit dem Partnerunternehmen der Sackmanns, die das Fahrzeug im Namen des Autokäufers abholen, verzollen und umbauen. Dann braucht man es nur noch abzuholen und dem amerikanischen Fahrvergnügen steht nichts mehr im Wege. Das Umrüsten, das in der Regel von der Partnerfirma Büsching, Sulingen, vorgenommen wird, kostet übrigens zwischen 1500 und 2000 DM und beinhaltet auch die Ausstellung eines deutschen Kraftfahrzeugbriefes, der in Kanada „Title" genannt wird. Ein Wermutstropfen sei noch erwähnt: Ein Großteil der Fahrzeuge besitzt keine weltweite Garantie, die kann man aber dann noch nachträglich in Deutschland bei einer entsprechenden Versicherungsgesellschaft für eine Laufzeit von drei Jahren käuflich erwerben. Mein Favorit unter den kanadischen Fahrzeugen ist übrigens der Chrysler Voyager, den ich vor einem Jahr direkt aus Kanada importierte. Dieses komfortablere Gegenstück unseres VW-Busses wird unmittelbar vor den Toren von Toronto gefertigt und brachte mir eine Ersparnis von rund 35% ein.

Die Anschrift von den Sackmanns lautet: United Auto Auction Ltd., 2402 Royal Windsor Drive, Oakville, L6J 4Z2, Tel.: 001 - 905-338-9393, Fax: 001 - 905-338-9396. Die Anschrift der Speditionsfirma für die Auslösung aus dem Zoll in Bremerhaven lautet: Lako Trans-Container GmbH & Co. KG, Postfach 12 03 24, 27517 Bremerhaven, Herr Ernst Brexendorf, Tel.: 0471-9476012, Fax: 0471-9476015.

Die Anschrift der TÜV-Umrüstungs-Firma lautet: Friedrich Büsching US Cars & Parts, Nienburger Straße 6, 27232 Sulingen, Tel.: 04271-9345-0, Fax: 04271-2080.

Die Niagara Fälle

Wir waren froh, daß unser Domizil, das Holiday Inn an der King Street, mitten in der Innenstadt lag und wir alle wichtigen Sehenswürdigkeiten meistens zu Fuß erreichen konnten. Doch wenn ich alle touristischen Highlights in diesem Buch beschreiben sollte, würde garantiert der Platz nicht ausreichen und ich müßte den Rest der Provinz vernachlässigen. Fast hätte ich es vergessen und besonders Jürg, legt hierauf Wert, daß ich die „Art Gallery of Ontario", die Kunsthalle Ontarios, erwähne. Sie liegt in der Dundas Street zwischen Beverly- und McCaul Street und wurde erst 1993 komplett renoviert. In dem äußerlich und einfallslosen anzusehenden Betonbau verbirgt sich im Inneren mit über 15 000 Gemälden und Skulpturen eine der größten Kunstschatzkammern von Kanada. In der Abteilung der kanadischen Künstler findet man hier die Bilder der „Group of Seven", einer Gruppe, die ihre Motive vor allem in der menschenleeren Wildnis von Kanada fand. Besonders bekannt wurden die Ölgemälde von Jackson, Varley und Lismer, die ihre Motive in den sturmgepeitschten Bäumen der Georgian Bay fanden. Mit ihren Werken versuchten die Maler in den zwanziger Jahren eine eigenständige kanadische Kunst zu begründen. Große Bedeutung hat auch die Welt größte permanente Ausstellung von 131 Plastiken, 73 Zeichnungen und 690 Lithographien des Engländers Henry Moore, dessen Plastik auch den Eingang der Galerie ziert. Hilfreich in diesem Zusammenhang ist auch die kleine Broschüre „Stride Art & Gallery Guide", die alle Kunstgalerien von Toronto beschreibt und kostenlos vertrieben wird.

Immer mehr entpuppte sich Jürg als der gute Geist von Ontario und oft hatte ich den Eindruck, daß er seine täglichen Arbeiten ganz hinten anstellt, nur um uns zu interessanten Erlebnissen zu verhelfen. Nach über einer Woche Aufenthalt in Toronto hatte er immer noch uns viel zu bieten. „Morgen habe ich etwas einmaliges für euch vorbereitet. Mein Freund Ruedi, der Mitbesitzer von Niagara Helicopters, will euch persönlich über die Niagara Fälle fliegen und anschließend werdet ihr noch den Süden von Ontario aus der Vogelperspektive kennenlernen", versprach er verheißungsvoll.

Bevor wir am anderen Morgen Toronto verließen, gab er uns noch einen wichtigen Rat mit auf den Weg. „Seid vorsichtig, zur Zeit wird der Queen Elizabeth II Way, abgekürzt als ‚QEW', auf acht Spuren ausgebaut und in den Baustellen lauern viele Radarfallen." Für uns war das nicht neu, denn in Kanada setzt man viel mehr Radarkontrollen ein als bei uns in Europa. Und besonders die neuen Laserpistolen reichen mit ihrem Erfassungsbereich erheblich weiter, wie die herkömmlichen Radargeräte. Der starkbefahrene Highway führt uns schnell aus Toronto heraus. Es geht vorbei an den riesigen Fahrzeugfabriken von Chrysler Canada und Ford und nach 52 Kilometern sehen wir die hohe Stahlbrücke der Industriestadt Hamilton. Immer in Sichtweite des Lake Ontario erreichen wir nach 130 Kilometern die Niagara Region. Von der Ausfahrt 32 ist es dann nicht mehr weit zur Kreuzung von Victoria Avenue und Niagara Parkway, wo wir von Ruedi Hafen, dem Mitbesitzer von Niagara Helicopters erwartet werden. Ebenfalls wie Jürg, ist er gebürtiger Schweizer, der schon seit 1985 über die Niagara Fälle

ONTARIO

WHIRLPOOL JET
CAT Marine Power
4 WHIRLPOOL JET
Saute Moutons

NIAGARA
HELICOPTERS
LIMITED

mit Hubschraubern fliegt. Seine Hubschrauberfluggesellschaft ist die einzige, die über die Niagara Fälle auf der kanadischen Seite fliegen darf. Und speziell in diesem Zusammenhang hatte ich da so eine fixe Idee für dieses Buch: Ich wollte gern die Niagara Fälle aus der Luft fotografieren, aber unter mir sollte noch ein Hubschrauber auf dem Bild zu sehen sein (siehe auch hierzu Bildseite 43). Am Telefon sagte Ruedi zu mir es wäre machbar, doch für diese Aktion bräuchte er eine Sondergenehmigung. Als wir am Heliport eintreffen, werden wir schon von ihm erwartet. „Hallo, ihr müßt die Pfaffs sein. Jürg hat mir schon viel von euch erzählt und daß ihr auch über unser schönes Ontario ein Buch produzieren wollt. Bei mir seid ihr genau richtig, denn ich zeige euch heute den Süden Ontarios aus der Vogelperspektive", rief er uns bei der Begrüßung zu. „Bei diesem strahlenden Sonnenschein sind alle Piloten beschäftigt, so daß wir zusammen über die Fälle fliegen werden." Dann geht alles sehr hektisch und ich komme kaum noch dazu meine Kameras für den Flug vorzubereiten. Damit ich besser fotografieren kann, wird eine Tür ausgehangen und ich bekomme einen überdimensionalen Sicherheitsgurt um den Bauch geschnallt. Unsere silberfarbene Bell 407, die an den Seiten mit einem Regenbogen verziert ist, hebt sehr sanft ab und voller Stolz erklärt mir Ruedi, daß dieser Hubschrauber vier Rotorblätter hätte und dadurch besonders leise fliegen würde. Gerade im letzten Jahr haben sie vier dieser leisefliegenden Hubschrauber angeschafft und über 13 Millionen Dollar investiert. Doch ich bin mir sehr sicher, schon bald werden sie keine roten Zahlen mehr schreiben. Denn alljährlich fliegen sie über 100 000 Passagiere über die Fälle. Seit der Gründung in 1985, wo man mit 2500 Passagieren anfing, eine enorme Steigerung, wobei sie noch lange nicht das Ende ihrer Kapazitäten erreicht haben. Mit der Bell steigen wir sehr hoch und haben einen ersten Überblick von der stark besiedelten Region, die jedoch immer wieder mit vielen grünen Flächen durchsetzt ist. Wir genießen den schwindelerregenden Ausblick. In der Ferne können wir sogar im Dunst den CN Tower erkennen. Doch kaum haben wir uns an die Höhe gewöhnt, dreht Ruedi ab und senkrecht rasen wir wieder der Erde entgegen. Knapp über dem Niagara Fluß geht er in einen Gleitflug über und rechts und links sehen wir zwei riesige Wasserkraftwerke. Rechts auf der amerikanischen Seite sehen wir das Robert Moses Kraftwerk. Fast doppelt so groß ist das gegenüberliegende kanadische Kraftwerk, das über 1 600 000 Kilowatt Strom erzeugt. Nach einer eleganten Kurve dreht nun unser Pilot in Richtung Niagara Fälle ab. Doch kaum haben wir uns an einen gemächlichen Geradeausflug gewöhnt, dreht er ab und es geht schon wieder im Sturzflug nach unten. Diesmal fliegen wir durch den Whirlpool, ein fast 40 Meter tiefer Kessel mit einem Strudel, der durch Verwirbelung des rechtwinklig abfließenden Niagara River gebildet wird. Überspannt wird der Whirlpool von einer weiteren Attraktion, dem Spanish Aero Car, eine etwas zerbrechlich aussehende Seilbahn. Die an sieben Seilen hängend über 550 Meter weit den Canyon überquert. Benannt wurde sie nach einem spanischen Ingenieur namens Leonardo Torres-Quevedo, der 1916 die Seilbahn entworfen

Seite 42:
Unterhalb der Niagara Fälle befindet sich in 40 m Tiefe der Strudel des Whirlpool. Ein besonderer Nervenkitzel ist eine Jet-Boot-Fahrt durch diesen aufgepeitschten Kessel, den wir aus sicherer Höhe aus einem Hubschrauber fotografieren.
Nikon F4

Seite 43 unten:
Ein Hubschrauberrundflug mit Niagara Helicopters, eine der besten Möglichkeiten, die ganze Schönheit der eindrucksvollen Niagara Fälle zu erleben.
Nikon F4

Seite 43 oben:
Mit Ruedi Hafen, dem Chefpilot von Niagara Helicopters Ltd., fliegen wir mit atemberaubenden Manövern über die Stromschnellen des Whirlpool.
Nikon F4

und gebaut hat. Gekonnt fliegt Ruedi zwischen den Seilen und der Felswand hindurch und wir rasen dem aufschäumenden Fluß entgegen. Über Kopfhörer erfahre ich nun auch den Grund, weshalb wir hier so halsbrecherisch über die Schaumkronen gleiten. „Jetzt kannst du die Action-Fotos deines Lebens schießen. Vor uns ist ein Jet-Boot und ich werde versuchen auf gleicher Höhe mitzufliegen", tönt es aus meinem Kopfhörer. Jetzt sehe ich auch das vollbesetzte flache Boot, das in tosender Fahrt mit einer wilden Gischt über die Wellen gleitet. Kaum befinden wir uns neben dem Schnellboot, beginnen die fast 40 Passagiere laut an zu kreischen und alles winkt zu mir hoch. Dabei werden sie noch von dem Bootsführer mittels eines Megaphons kräftig angefeuert. Es scheint auch eine ziemliche feuchte Angelegenheit zu sein, denn die Insassen triefen trotz Schutzkleidung und Schwimmwesten vor Nässe. Wie wild so ein Ritt über die Wellen sein kann, zeigt die Bildseite 42. Doch aber auch mir macht diese Art der Fotografie riesigen Spaß. Wie ein Stuntmen stehe ich auf den Kufen der Bell, verbunden bin ich dabei mit dem Hubschrauber nur mit einem dicken Gurt um meinen Bauch. Jedesmal, wenn wir im Tiefflug das Jet-Boot passieren, führt der Bootsführer mit heftigen Lenkbewegungen in der Gischt einen wahren Wellentanz vor, so daß die Insassen noch einmal so laut kreischen. Dieser wilde Flug scheint auch Ruedi Spaß zu machen, denn immer wieder umkreist er mit waghalsigen Flugmanövern das Boot. Um nicht mein ganzes Fotomaterial schon vor den Fällen zu verbrauchen, rufe ich ihm zu: „Ich habe genug gute Fotos, wir können weiterfliegen." Während er steil nach oben fliegt, versuche ich unter Mithilfe von meiner Frau wieder in die Kabine zurückzukehren. Mit einigen Anstrengungen kehre ich bäuchlings in den Hubschrauber zurück und fürsorglich fragt Ruedi über die Sprechgarnitur: „Na, ist es dir schlecht?" Doch bei dieser Berg- und Talfahrt hatte ich gar keine Chance, darüber nachzudenken, ob es mir gut oder schlecht geht. „Nein, alles klar, wann gehst du zum nächsten Sturzflug über?" frage ich provozierend. Doch dieses überhört unser Pilot, urplötzlich dreht er ab und fliegt nun direkt nach Süden in Richtung Niagara Fälle. „Wir müssen uns beeilen, denn wir sind mit einem anderen Hubschrauber über den Fällen verabredet", meldet sich Ruedi. Fast hätte ich das in der Aufregung ganz vergessen, ich wollte ja die Fälle zusammen mit einem Hubschrauber fotografieren und das alles aus der Vogelperspektive. Unser Hubschrauber steigt wieder sehr hoch und Ruedi erklärt mir, daß er wegen der Bestimmungen so hoch fliegen müßte. Tief unter mir sehe ich die Rainbow Bridge, eine 290 Meter lange Stahlbrücke, die Kanada mit den USA verbindet. Rechter Hand sehe ich den 236 Meter hohen Skylon Tower, der auch schon einen interessanten Blick auf die „Donnernden Wasser", so heißen die Niagara Fälle aus dem indianischen übersetzt, aus der Vogelperspektive bietet. Danach entdecke ich das über 20 Stockwerk hohe Renaissance Fallsview Hotel, dessen Fenster im oberen Teil mit einer Goldfolie bedampft sind und die jetzt im Sonnenlicht besonders leuchten. Hier werden wir u. a. in den nächsten Tagen wohnen. Bevor wir nun endlich die Fälle erreichen, umkreisen

Seiten 46/47:
Das historische Fort George bei Niagara-on-the-Lake erinnert an die bewegte Vergangenheit, als sich 1813 die Briten und Amerikaner bekämpften. In historischen Kostümen feuern Soldaten zur Demonstration mit den noch intakten Musketen. Ein angemessener Sicherheitsabstand ist angebracht, denn die alten Vorderlader können sehr laut sein.
FUJI Panorama-Kamera

wir noch einen weiteren Turm. Obwohl der Minolta Tower nur 158 Meter hoch ist, bietet er für 8 Dollar Eintritt durch seine nahe Lage zu den Niagara Fällen einen viel besseren Überblick, als der weiter entfernte Skylon Tower. Kaum sind die Fälle unter uns zu sehen, zieht Ruedi den Hubschrauber noch höher. „Bist du bereit, der andere Heli ist jetzt direkt unter uns“, ruft er mir zu. Doch zum fotografieren sind wir viel zu hoch und ich frage ihn, ob wir nicht etwas tiefer gehen können. „Es tut mir leid, ich darf nicht weiter hinuntergehen. Wir werden pausenlos von der kanadischen und amerikanischen Seite mit Radar überwacht und meine Lizenz möchte ich nicht wegen deiner fixen fotografischen Idee verlieren.“ Ein bißchen mulmig wird es mir schon, während ich mich aus dem Hubschrauber hinauslehne und die Fälle und einen weiteren Heli, der unmittelbar unter uns schwebt, fotografiere. Von hier oben kann ich auch sehr gut die Abrißkante erkennen, über die pro Minute 160 000 Kubikmeter Wasser fallen. In der Urzeit, als vor über 12 000 Jahren die Niagara Fälle entstanden, waren sie garantiert nicht so spektakulär wie heute. Da schmolzen die Gletscher, die den nordamerikanischen Kontinent bedeckten und gewaltiges Binnenmeer blieb zurück. Seine Reste sind die Großen Seen zwischen USA und Kanada. Damals suchten sich die Wassermassen des heutigen Erie Sees einen Weg zum tiefer liegenden Ontario See. Beim Ablauf strömte der Niagara River zuerst über hartes Kalkgestein, bei der Mündung in den Ontario See traf er dann auf Schiefer und Sandstein, mit dem er leichtes Spiel hatte. Doch die Gewalt der stürzenden Wasser nahm auch den harten Kalk nach und nach mit, so daß die Kante des Wasserfalls immer weiter zurückwanderte – bis dorthin, wo man sie heute findet. Die heutigen Niagara Fälle werden von der kleinen Insel Goat Island in die fast gradlinigen amerikanischen Fälle und in die hufeisenförmigen kanadischen Fälle (Horseshoe Falls) geteilt. Die American Falls sind 58 m hoch und 320 m lang, die Kraft des Wassers verliert sich hier am Fuße der Fälle, indem sich der Fluß auf den abgebrochenen Steinen bricht. Ganz anders ist es auf der kanadischen Seite. Hier ist die Abbruchkante doppelt so lang und die Kraft des Wassers ist so wirkungsvoll, daß das Wasser nach 56 m freien Fall vom Wasserspiegel aus, noch einmal 55 m tief sich in das Schiefergestein eingräbt. Über allem schwebt eine fast 100 m hohe Gischtwolke, die je nach der Windrichtung, die Besucher naß regnen läßt. Doch Vorsicht, das Wasser ist hier mit vielen Schadstoffen durchsetzt und so albern wie es aussieht, auch bei Sonnenschein ist hier ein Regenschirm angebracht. Als wir so langsam abdrehen und ich die vielen Menschen unter mir sehe, denke ich wehmütig an die Zeit zurück, wie es damals gewesen sein muß, als der erste Europäer, der gebürtige belgische Missionar Jean-Louis Hennepin einsam an den Fällen stand. Heute sind es 14 Millionen Besucher, die alljährlich an den beeindruckenden Niagara Fällen stehen. Im letzten Jahr hatten u. a. die 1250 saisonalen Beschäftigten der Niagara Parks Commission über 22,7 Millionen Dollar erwirtschaftet, wovon die Provinz Ontario immerhin noch 3,1 Millionen Dollar an Steuern bekam. Schon 1885 wurde die Niagara Parks Commission ins Leben gerufen und das ganze Land, rund

62 Hektar, entlang des Niagara Rivers zum ersten Provinzpark Ontarios erklärt. Man wollte das Gebiet als Parkland erhalten und vor Ausbeutung und Zersiedelung schützen. Heute beinhaltet der Provinzpark Picknickplätze, Golfplätze, üppige Gartenanlagen, Restaurants, Andenkenläden und seit Dezember 1996 gibt es hier sogar einen Wintergarten, wo über 2000 freifliegende, tropische Schmetterlinge zu bewundern sind. Allein in dieses 1000 qm große Haus wurden 15 Millionen Dollar investiert. Ohne Zweifel sind die Wasserfälle und der angrenzende Ort Niagara Falls das größte Massenspektakel von Kanada und viele bleiben hier über Nacht, um sich dann noch die bunt angestrahlten Horseshoe Falls anzusehen. Insgesamt sind es 24 Scheinwerfer, die im Sommer von 21 bis 24 Uhr bei der sogenannten „Illumination“, die Fälle in buntes Licht tauchen. Da besonders im Sommer die Zugangsstraßen verstopft sein können, lohnt es sich auf den „People Mover“ umzusteigen, der als Großraumbus in einer Schleife alle 20 Minuten zu den schönsten Aussichtspunkten entlang der Fälle fährt. Für rund 5 Dollar bedient der Bus 22 Haltestellen auf einer Strecke von über 30 Kilometer. Die Informations-Telefonnummer lautet: (905) 357 - 9340.

Mittlerweile habe ich schon über zwei Dutzend Filme verbraucht und ich signalisiere Ruedi, daß mein Filmvorrat so langsam zur Neige geht und wir abdrehen können. Es sind nur wenige Flugminuten und schon sehe ich unter mir die Basis von Niagara Helicopters. Doch kaum sind wir gelandet, verabschiedet sich unser Pilot sehr schnell, so daß ich noch nicht einmal die Möglichkeit habe, mich beim ihm für den außergewöhnlichen Flug zu bedanken. Während ein Mitarbeiter des Bodenpersonals mich von dem riesigen Sicherheitsgürtel befreit, bekomme ich auch die Erklärung für seinen plötzlichen Abschied: „Wo wart ihr denn? Das hat unser Chef noch nie gemacht, daß er den ganzen Vormittag mit dem Heli unterwegs war. Er muß seine heutigen Termine völlig vergessen haben.“ Als sich ein weiterer Bordmechaniker zu uns gesellt, erfahre ich erst wie privilegiert unser Flug war. „Oh Mann, du mußt ja ein berühmter Fotograf sein, daß unser Chef dich selbst über die Fälle fliegt und morgen will er sogar mit dir über die Weingärten fliegen“, sagte der Mechaniker anerkennend zu mir. „Was mag bloß mein Freund Jürg über mich erzählt haben, als er uns bei Ruedi bekanntmachte?“, frage ich leise meine Frau. Na ja, morgen werden wir mehr wissen, wenn wir noch einmal mit ihm fliegen.

Empfehlenswerte Adressen:
Niagara Helicopters Limited, 3731 Victoria Ave., Niagara Falls, Tel.: (416) 357 - 5672
Internet:
http://www.niagara-helicopters.com
Niagara Parks Commission, Box 150, Niagara Falls, L2E 6T2, Tel.: (905) 356 - 2241
Internet:
http://www.tourismniagara.com/npc
Bootstour Maid of the Mist, Tel.: (905) 358 - 5781, ca. 10 Dollar
Renaissance Fallsview Hotel, 6455 Buchanan Ave., Niagara Falls, L2G 3V9, Tel.: (905) 357 - 5200,
Internet: renfalls@niagara.com

Seite 50:
Der 42 Kilometer lange Welland Kanal, ein Teilstück des St.-Lorenz-Strom-Seeweges, verbindet mit 8 Schleusen den Erie-See mit dem Lake Ontario. Hierbei werden die Frachtschiffe fast 100 m hoch angehoben.
Nikon F4

Seite 51 oben:
Mit dem Hubschrauber haben wir einen eindrucksvollen Überblick auf den Welland Kanal, an dem schon 1829 gebaut wurde. Offiziell wurde er 1932 eröffnet und 1973 nochmals auf seine heutige Größe erweitert.
Leica R6

Seite 51 unten:
Alljährlich passieren fast 4000 Schiffe den Welland Kanal, hierbei müssen die Kapitäne in den schmalen, nur 24,5 m breiten Schleusen oft Zentimeterarbeit leisten. Getreide, Kohle und Eisenerz sind die Hauptgüter, der Frachter, die aus über 50 Ländern nach Kanada kommen.
Leica R6

LOUIS R. DESMARAIS
CANADA

Der Welland Kanal

ONTARIO

Die Nacht an den Niagara Fällen verbringen wir im ausgebuchten Renaissance Falls View Hotel. Nur gut, daß wir in einem der oberen Stockwerke ein Zimmer bekommen haben, so haben wir einen phantastischen Ausblick auf die nächtlich angestrahlten Wasserfälle. Etwas verleidet wird uns das Frühstück am anderen Morgen, denn der Kaffee hat sehr fauligen Nachgeschmack. Wie uns dann bestätigt wird, hat man im gesamten Bereich der Fälle große Probleme mit dem Trinkwasser. Mit einem knappen Frühstück und einem flauen Gefühl im Bauch fahren wir dann zum Heliport von Niagara Helicopters, wo wir wieder mit Ruedi verabredet sind. Etwas ungläubig schaut mich die Empfangsdame am Hangar an, als ich nach ihrem Chef frage und dabei noch erwähne, daß er versprochen hat, mit uns über den Süden von Ontario zu fliegen. „Ich glaube kaum, daß er heute morgen für sie Zeit hat", antwortet sie abweisend. In diesem Moment kommt Ruedi eine Stahltreppe hinunter und ruft uns zu: „Hallo Leute, ich habe schon auf euch gewartet. Seid ihr so weit!" Am Hubschrauber werden wir von einem jungen Piloten erwartet. Ruedi erklärt mir, daß er mit uns fliegen wird, denn er bräuchte noch ein paar Flugstunden. Kaum spürbar hebt unser Hubschrauber ab und mit einer eleganten Kurve fliegen wir direkt nach Süden. Während wir die Fälle passieren, überläßt Ruedi dem jungen Piloten den Steuerknüppel. Unter seiner Anleitung steuern wir nun direkt auf Port Colborne zu, der Hafenstadt am Eingang des Welland Kanals. Und an diesem wollen wir heute vormittag entlang fliegen.

Gleich am Anfang des 43,5 Kilometer langen Kanals, der den Erie See mit dem Ontario See verbindet, sehen wir ein riesiges Frachtschiff in einer Schleuse, die nun direkt unter uns liegt. Genauer gesagt, heißt diese Schleuse „Lock 8" und sie ist mit 421 Meter die längste der Welt. Sie gehört zu einem riesigen Schleusensystem, das mit dem Welland Kanal die Niagara Halbinsel durchschneidet. Dieser Kanal gehört zum „Great Lakes/St. Lawrence Seaway", der mit 3700 Kilometern zur längsten Wasserstraße unserer Erde zählt. Sie führt vom Atlantik über Montreal bis zum Lake Erie und weiter durch den Lake Huron und Lake Superior in die Mitte des amerikanischen Kontinents. Schon 1680 hatte der Montrealer Dollier de Casson die Idee für diese Wasserstraße, die damals den Hafen der Stadt mit dem St.-Lorenz-Strom verbinden sollte. Doch erst 1779 setzen englische Soldaten die Vision des Geistlichen um und verbanden mit vier Kanälen die beiden Seen Lake St. Louis und Lake St. Francis, die ebenfalls in der Nähe von Montreal im St.-Lorenz-Strom liegen. 1824 wurde dann auch der Casson Kanal fertiggestellt, der schon damals sieben Schleusen hatte, aber nur 1,52 Meter tief war. Kurze Zeit danach, 1833 wurde der Welland Kanal eröffnet, der einst mit 40 hölzernen Schleusen den Höhenunterschied von 100 Meter zwischen den beiden Seen regulierte. Inzwischen wurde er aber dreimal erweitert, umgebaut und verlegt. Das Resultat waren nur noch acht Schleusen, die sogar über 200 Meter lange Schiffe aufnehmen können. Rund zwölf Stunden benötigen die Frachter, um vom Lake Erie zum Lake Ontario zu gelangen. Erst 1941 trafen dann die Kanadier und die US-Amerikaner ein Abkommen, um den Seeweg zu komplettieren.

Bis zur offiziellen Eröffnung am 26. Juni 1959 durch Präsident Eisenhower und Queen Elizabeth hatte der kanadische Staat 336 Millionen Dollar und die Amerikaner 134 Millionen Dollar investiert. Zwei Monate zuvor hatte der Eisbrecher D'Iberville als erstes Schiff den Seeweg in seiner ganzen Länge bewältigt. Eis ist auch der Grund, weshalb der Seeweg nicht ganzjährig geöffnet ist. In 1997 wurde er zum Beispiel am 26. Dezember geschlossen, nachdem der kanadische Frachter Naranganssett in Thunder Bay Weizen geladen hatte, um es nach Europa zu verschiffen. Geöffnet wurde dann der Great Lakes/St. Lawrence Seaway erst wieder am 2. April 1998. Alljährlich passieren über 4000 Schiffe die Schleusen mit über 47 Millionen Tonnen Fracht, die am häufigsten Getreide, Kohle und Eisenerz befördern. Eine Zahl, die seit 1994 stabil ist und selbst der Präsident der Seaway Authority, Michel Fournier, ist mit dieser Entwicklung hochzufrieden.

Während wir immer am Kanal in Richtung Norden entlang fliegen, macht mich Ruedi auf eine Besonderheit bei dem Ort Welland aufmerksam. Hier überquert der Kanal den Welland River. Von hier oben sieht es aus, als würden die beiden Wasserstraßen ineinander übergehen. Nicht viele Schiffe sind an diesem sonnenüberfluteten Morgen im Welland Kanal unterwegs. Erst als wir den Ort Thorold unter uns liegen sehen, kann ich zwei große Frachter erkennen. Der vordere Frachter durchfährt gerade eine Schleuse. Bei dem Ort St. Catherines, am „Lock 3" befindet sich sogar eine Aussichtsplattform mit Restaurant; Gift Shop und Museum. Dicht gedrängt stehen hier die Zuschauer, die beobachten, wie ein über 100 Meter langes Schiff im Schneckentempo durch die 24 Meter breite Schleusenkammer fährt. Im Tiefflug gleiten wir über den „Lock 3" hinweg und von hier oben sieht es so aus, als würden die Bordwände die Begrenzung der Kammer berühren. Wir fliegen so dicht über die beiden Schiffe hinweg, daß ich sogar bei dem hinteren Schiff den Namen erkennen kann, der jeweils seitlich in großen Buchstaben an den Bordwänden aufgemalt ist. „Canada Steamship Line" lautet die Bezeichnung, die wahrscheinlich aus besseren Zeiten stammt, denn das Schiff macht mir einen sehr verrosteten Eindruck.

Am Ende des Welland Kanals, dort wo er in den Lake Ontario übergeht, passieren wir noch die Weinbaumetropole St. Catherines. Schade, daß wir nicht im September hier sind, dann feiern nämlich die 130 000 Einwohner ihr „Niagara Grape and Wine Festival". Wo man für zehn Tage die Erntezeit u. a. auch mit einer farbenprächtigen Parade feiert. Über Kopfhörer teilt mir Ruedi mit, daß wir gegenüber von St. Catherines bei dem kleinen Ort Niagara-on-the-Lake landen werden. „Er gehört zu den am besten erhaltenen Städtchen des 19. Jahrhunderts von Nordamerika. Seit 1830 hat sich hier nichts verändert", verkündet unser Pilot stolz.

Doch zuerst einmal möchte ich hiermit dieses Kapitel über den Welland Kanal abschließen und im nächsten auch den fruchtbaren Süden Ontarios etwas näher beschreiben.

Seiten 54/55:
Das im Kolonialstil erbaute Niagara-on-the-Lake, an der Mündung des Niagara Flusses gelegen, gilt als eines der schönsten Städtchen des 19. Jahrhundert von ganz Nordamerika. Von 1791 bis 1796 war der Ort die erste Hauptstadt von Upper Canada. Bis heute hat man das Erbe der Vergangenheit erhalten können und hier kommt man sogar ohne Leuchtreklame aus.
FUJI Panorama-Kamera G 617

Seiten 56/57:
Zwischen Niagara-on the-Lake und St. Catherines befinden sich mit die besten Weinanbaugebiete Kanadas. Vor über 20 Jahren waren es deutsche Weinbauern, die die Weine Ontarios in der Welt bekannt machten. Eine der erfolgreichsten Familien sind die Konzelmanns aus Stuttgart, die ihren Erfolg mit einem kleinen Schloß auf Seite 56 zum Ausdruck bringen.
Nikon F4

80 Queen
Leisure Threads
Wedgwood
BREYER
GOEBEL
HUMMEL
ROYAL DOULTON
COPENHAGEN
PEN DELFIN
PRECIOUS MOMENTS
KAISER
BRASS
CHINA
80

Creative Candles
Great Things
ANNIVERSARY WEEK SALE
BUY 2 GET 1 FREE
KITCHEN
EPICUREAN

Ontarios fruchtbarer Süden

ONTARIO

Nachdem wir bei St. Catherines mit unserem Hubschrauber in nordöstlicher Richtung abdrehen, überfliegen wir in wenigen Minuten unzählige Obstplantagen und Weingärten. Dort, wo der Niagara Fluß in den Ontario See mündet, gehen wir wieder tiefer und wie das Sprichwort so lautet: *Kann ich hier wirklich nicht den Wald vor lauter Bäumen sehen.* Denn der ganze Ort liegt im Grünen und die nostalgischen Holzhäuser und herrschaftlichen Villen sind von vielen schattigen Alleen umgeben. Ruedi will uns den Ort, der sogar ohne Neonreklame auskommt, etwas näher zeigen. Aus diesem Grund landen wir in der Nähe des feudalen Hotels Queens Landing Inn, dessen Besitzer er gut kennt. Unser Co-Pilot bekommt die Aufgabe, den Hubschrauber zu bewachen. Ruedi meint: „Es ist besser, wenn jemand beim Heli ist, denn hier darf ich nur in Notfällen landen."

Das Hotel mit seinen riesigen Säulen am Eingang grenzt an einen Jacht-Hafen und direkt daneben befindet sich die Ablegestelle der Whirlpool Jet Boote. Das sind die über 70 Stundenkilometer schnellen Boote, die ich im vorhergehenden Kapitel schon beschrieben hatte, als ich sie in den Whirlpool Rapids vom Hubschrauber aus fotografierte. Für rund 55 Dollar kann man hier an einem einstündigen Nervenkitzel der besonderen Art teilnehmen, das in den tückischen Stromschnellen kurz vor den Niagara Fällen seinen Höhepunkt findet. Stündliche Abfahrtszeiten von 10 bis 19 Uhr, Telefon (905) 468-4800.

In wenigen Gehminuten erreichen wir den historischen Stadtkern von Niagara-on-the-Lake. Wir reihen uns ein in die vielen Besucher, die an diesem sonnigen Tag im August an den Boutiquen und kleinen Läden vorbeischlendern, die zum größten Teil noch aus der viktorianischen Ära stammen. Als wir an der Straßenecke von Queen- und King Street bewundernd das elegante Prince of Wales Hotel betrachten, fordert uns Ruedi auf, mit ihm im Hotel einen Kaffee zu trinken. Er meint, damit wir den Charme der früheren Zeit in Ruhe genießen könnten. Schräg gegenüber liegt das „Niagara Apothecary Museum" von 1866, wo man die Heilmittel aus vergangenen Epochen bewundern kann. Zwei Straßenecken weiter befindet sich das Royal George Theatre, eines von dreien, wo alljährlich von Mai bis Oktober über 250 000 Besucher das große George Bernhard Shaw Festival erleben. Dazwischen liegt „The Buttery", ein Speiselokal, das jetzt schon am Vormittag bis auf den letzten Platz besetzt ist. Berühmt war die Kleinstadt schon einmal, als sie noch Newark hieß und von 1791 bis 1796 die Hauptstadt von Upper Canada war. Damals war der Osten von Kanada in das heutige Ontario (Upper Canada) und in Lower Canada, das heutige Quebec aufgeteilt. Während dieser Zeit, der Besiedelung durch die Engländer, entstand auch das nahegelegene Fort George. Mit den Kanonen der strategisch wichtigen Bastion wollte man den Zugang zu den Oberen Seen gewährleisten. Schon wenige Jahre später wollten die US-Amerikaner den Engländern das Upper Canada abspenstig machen und sie legten 1813 das Fort in Schutt und Asche. Erst zwei Jahre später gelang es den Truppen des Gouverneurs von Upper Canada, Sir Isaac Brock, die Amerikaner zurückzuschlagen, der bei diesen Kämpfen auch sein Leben lassen mußte. Bei den Queenston Heights, in der Nähe der

Whirpool Rapids, wurde 1854 zum Andenken an ihn eine 64 Meter hohe Säule errichtet. Fort George wurde nach dem Krieg von den Briten wieder aufgebaut, dann aber 1820 als Festung aufgegeben. So lag es über 100 Jahre brach und wurde erst 1959 als historischer Platz mit Repliken der alten Gebäude für die Öffentlichkeit eröffnet. Original ist nur noch das Pulvermagazin, das aus alten Feldsteinen errichtet wurde. Der überwiegende Teil des restaurierten Forts besteht aus Blockhäusern, die von massiven Erdwällen und hölzernen Palisaden umgeben sind. Im Sommer erwecken Studenten das alte Fort zum Leben. Soldaten in roten Röcken marschieren auf, in der Küche wird im alten Stil Brot gebacken und im „Artificers Building“ wird sogar eine kleine Schaluppe nachgebaut. Laut wird es dann draußen im Innenhof. Vier junge uniformierte Männer feuern mit alten Musketen in den Himmel und demonstrieren vor einer kleinen Zuschauermenge, wie laut es damals beim britisch/amerikanischen Krieg zuging. Außer der Musketen-Demonstration ist hier während unseres Aufenthaltes im Fort George nicht viel los und innerhalb von zwei Stunden haben wir alles Wichtige gesehen (siehe auch die Bildseiten 46/47). Ruedi schlägt vor, daß wir noch zu einer Weinprobe fliegen. Die vor uns liegende flache Niagara-Halbinsel ist nicht nur einer der am weitesten in die Vereinigten Staaten hineinreichende kanadische Zipfel, sondern er hat auch das mildeste Klima von Ostkanada. Auf der Höhe von Marseille und Nord-Kalifornien liegend, bietet diese Region ideale Bedingungen für den Anbau von Weinen.
Fast hätten wir auch hinlaufen können, denn nur wenige Minuten waren wir mit dem Hubschrauber in der Luft und schon landen wir wieder. Bei der Inniskillin Winery, ganz in der Nähe des Niagara Parkway, werden wir schon zur Weinprobe erwartet. Hier wird der 1991 in Bordeaux prämierte Eiswein produziert. Aufgrund der südlichen Lage und der wärmespeichernden Großen Seen genießt die Region um den Lake Ontario ein besonderes Mikroklima, das sich hervorragend zur Kultivierung von Trauben eignet. Auch der fruchtbare Boden und die Technik der Weinmacher, die zum größten Teil aus Deutschland kamen, trugen dazu bei, daß die Ontario-Weine zu Weltruhm gelangten. Allen voran die deutsche Familie Konzelmann, die seit 1984 die berühmten Weinsorten, wie Pinot Noir, Riesling und Chardonnay produzieren. In 23 000 metallischen Weinbehältern können sie über 360 000 Liter lagern. Die Konzelmann Vineyards, 1096 Lakeshore Road, Tel.: (905) 935-2866 und auch die Inniskillin Winery, Line 3, Tel.: (905) 468-3554 sind wie die anderen 31 Weinbauern der Region offen für Besucher. In der Regel von 10–18 Uhr und sonntags von 12–17 Uhr. Beim Rückflug habe ich dann noch gute Möglichkeiten, die verschiedenen Weingärten aus der Luft zu fotografieren. Je nach Größe des Betriebes haben sich hier die Besitzer ihre Träume vom herrschaftlichen Schloß erfüllt. Am feudalsten wirkt das Anwesen der Konzelmanns. Es könnte genauso irgendwo in den berühmten Weingegenden Frankreichs stehen (siehe auch Bildseite 56). Leider müssen wir uns nun von Ruedi, dem Mitbesitzer von Niagara Helicopters, verabschieden. Gern wären wir noch mit ihm und seiner Bell unterwegs gewesen, doch in den

Seite 60:
Nach alter Tradition bearbeiten die tief religiösen Mennoniten noch ihr Land im fruchtbaren Süden Ontarios.
Leica R6

Seite 61:
Die besten landwirtschaftlichen Produkte produziert die Glaubensgemeinschaft der deutschstämmigen Mennoniten. Ihre großen blutroten Tomaten bieten sie auf dem Farmers Markt von St. Jacobs an.
Leica R6

Farmers' Market
Ontario Fruit
PEPPERS

nächsten Tagen wollen wir in den Norden Ontarios fahren und das wäre doch ein bißchen zu teuer, um alles mit dem Hubschrauberflug zu bewältigen.
Nach einer Nacht im Queens Landing Hotel, wo wir als Gäste sogar eine Weinprobe vom Inniskillin Eiswein auf dem Zimmer serviert bekamen, fahren wir weiter auf dem Queen Elizabeth II Way an die Südspitze von Ontario. Am Zusammenfluß von Lake Erie und Niagara River verlassen wir die Schnellstraße und fahren direkt zum nächsten blutigen Schauplatz des britisch/amerikanischen Krieges von 1812. Gegenüber der amerikanischen Stadt Buffalo befindet sich unweit des Flusses das 1764 erbaute Old Fort Erie. Das relativ kleine Fort (8 Dollar Eintritt) hat eine bewegte Vergangenheit aufzuweisen. Im letzten Jahrhundert wurde es dreimal zerstört: zweimal durch Hochwasser und Eisgang und einmal durch den besagten Krieg. Möglichst naturgetreu wurde es wieder mit Wällen, Gräben und einer Zugbrücke aufgebaut und restauriert. Wie in Fort George, werden auch hier in den Sommermonaten von Wachsoldaten die alten Musketen zur Demonstration noch einmal abgeschossen. In authentischen Uniformen werden sogar Salutschüsse aus dicken Kanonen abgegeben. Über Crystal Beach, wo viele Amerikaner ihre Wochenendhäuser haben, fahren wir nach Westen. Wir überqueren bei Port Colborne wieder den Welland Kanal und streben über dem Highway 3 unserem nächsten Ziel zu, dem südlichsten Punkt von Kanada. Es geht vorbei an bewirtschafteten Feldern, die von vielen rechtwinklig angelegten Straßen durchzogen sind. Ein Schild am Straßenrand macht uns auf den Ort Brantford aufmerksam, wo von 1870 bis 1881 der Entwickler des Telefons, Alexander Graham Bell, gewohnt hat. Der hier das erste Ferngespräch der Welt führte, es überbrückte die Strecke von 13 Kilometern. Wir entscheiden uns, die Fahrt nach Point Pelee zu unterbrechen und in Richtung Brantford zu fahren. Noch vor 200 Jahren war diese Region von dichten Wäldern bedeckt, bis es die ersten weißen Siedler abholzten und in Agrarland verwandelten. Unmittelbar vor Brantford liegt am Grand River das Six Nations Indianer Reservat. Es gehört den sechs Irokesenstämmem Mohawk, Onondaga, Seneca, Cayuga, Oneida und Tjacarora, die das Land 1873 nach dem Frieden von Paris zum Ausgleich für Gebiete erhielten, die nach der heutigen Grenzziehung zwischen Kanada und den USA an die Amerikaner abgetreten wurden. Die nahegelegene Stadt Brantford wurde nach dem Mohawk-Führer Joseph Brant benannt, der diese Regelung ausgehandelt hatte. Sein Grab befindet sich direkt neben der „Chapel of Mohawks", eine Indianer-Kirche, die zugleich auch die älteste protestantische Kirche Ontarios ist. Alljährlich findet hier Ende Juli das „Grand River Champion of Champions Pow Wow" statt, ein indianisches Tanzfest der Superlative. Wenn wir jetzt weiter nach Norden fahren würden, hätten wir schon bald die Region der Mennoniten erreicht. Doch wir sind erst in den nächsten Tagen in St. Jacobs verabredet, der Hochburg der mennonitischen Kultur.
Um zügig voranzukommen, fahren wir jetzt über die Highways 403 und 401 in Richtung Süden. Bei dem knapp 15 000 Einwohnern zählenden Ort Leamington, der die Tomatenhauptstadt Kanadas ge-

nannt wird, weist uns ein Schild mit einem Biber den Weg zum südlichsten National Park des Landes. Über 18 Kilometer ragt hier eine sandige Landzunge in den Lake Erie. Der Point Pelee National Park ist unter Ornithologen weltweit als Paradies für Vögel bekannt und berühmt für seinen Artenreichtum. Er liegt an einer der größten Vogelfluglinien Nordamerikas. Schon 1918 erklärte man diese 15 Quadratkilometer große Drehscheibe, an der bislang 346 verschiedene Vogelarten gesichtet wurden, zum National Park. An einem schönen Tag im Mai können kundige Beobachter über 100 verschiedene Arten bestimmen und im Herbst kommen noch unzählige Zugvögel und Monarch-Schmetterlinge bei ihrer Zwischenlandung hinzu. Fast zwei Kilometer lang kann man auf hölzernen Stegen in das Marschland hineinwandern. Obligatorisch ist auch ein Oberservation Tower, ein Beobachtungsturm, der einen besseren Überblick zuläßt.

Zum Übernachten haben wir uns das sehr gepflegte Pelee Motor Inn in Leamington ausgesucht.

Unser nächste Ziel sollte eigentlich die bei Detroit gegenüberliegende Stadt Windsor sein. Doch, wie die Automobilstadt, soll auch Windsor zum größten Teil von Industrieansiedlungen geprägt sein. So entschließen wir uns am anderen Morgen den tiefen Süden zu verlassen und direkt zu einem der wichtigsten Siedlungsorte der Deutschen in Kanada zu fahren. Bis zum Ersten Weltkrieg hieß dieser Ort noch Berlin, danach wurde er mit dem Nachbarort Waterloo zusammengeschlossen und heute ist Kitchener-Waterloo eine der wirtschaftlich erfolgreichsten Gemeinden Ontarios. Über die Hälfte der 200 000 Einwohner haben deutsche Vorfahren und sprechen teilweise auch noch ihre alte Muttersprache. Besonders deutschsprechende mennonitische Siedler prägten mit ihren landwirtschaftlichen Produkten die Region. Dank ihres Fleißes und der Arbeitsamkeit besitzen sie die reichsten Bauernhöfe der Provinz. Die Erzeugnisse ihres Fleißes: selbstgeräucherter Schinken und Wurst, Butter vom Faß, frisch gebackenes Brot und Pasteten, das alles verkaufen sie auf dem berühmten Farmers Market von Kitchener. Hier habe ich auch die blutroten Tomaten fotografiert, die auf der Bildseite 61 zu sehen sind. Die religiöse Glaubensgemeinschaft der Mennoniten führt sich zurück auf Menno Simons, einem norddeutschen Führer der Wiedertäuferbewegung, der im 16. Jahrhundert als Ketzer verfolgt wurde. Auf der Suche nach Glaubensfreiheit wanderten sie dann im 17. Jahrhundert nach Pennsylvania aus und kamen um 1810 ins heutige Ontario. Später stießen Einwanderer aus Polen und Rußland dazu. In der Umgebung von Kitchener und Waterloo leben rund 45 000 der weltweit 850 000 Mennoniten. Der Name Kitchener hat übrigens nichts mit Kitchen (Küche) oder Kittchen (Gefängnis) zu tun, sondern der Ort wurde nach Lord Kitchener benannt. Viele der Mennoniten halten sich noch heute aus religiösen Gründen von Elektrizität und Telefon fern, so sagt man jedenfalls. Doch bei den Farmen, die wir hier besuchen, sehen wir überraschender Weise oft ein Telefon und andere technische Dinge. In meinem Bild-Text-Band KANADA-Manitoba habe ich in dem Kapitel „Deutsche in Manitoba“ das Leben dieser Glaubensgemein-

Seite 64:
Erst vor wenigen Jahren wanderte Hauke Claussen von Schleswig-Holstein nach Clinton/Ontario aus, jetzt zählt er schon zu den erfolgreichsten Maisanbauern der Region.
Leica R6

Seite 65:
Bruce Rathwell aus Brucefield, Viehauktionator, Experte für Landwirtschaft und Grundstücksmakler, er weiß alles und kennt jeden in der Region des Lake Huron. Für uns war er wie ein Lottogewinn, denn ohne ihn hätten wir niemals Land und Leute so intensiv kennengelernt. Mittlerweile sind wir gute Freunde geworden.
Leica R6

Rathwell
ASSOCIATES

schaft noch eingehender und intensiver beschrieben.
Interessant ist auch der Farm- und Flohmarkt von St. Jacobs, der im Sommer dienstags und ganzjährig donnerstags und samstags ab 7 Uhr geöffnet hat. Auf diesem Gelände befindet sich auch eine kleine Mall, ein Einkaufszentrum, hier kann man bei den sogenannten „Factory Outlets“ preiswerte Kleidungsstücke erwerben. Ich hatte bisher nie Glück bei dieser „Schnäppchenjagd“. Auf diesem Farmers Market, der zwischen Waterloo und St. Jacobs liegt, sind wir mit einem guten alten Freund verabredet. Es ist Bruce Rathwell, der wohl profundeste Kenner dieser Region. Vor einem Jahr hatten wir den Mittfünfziger in der Schweiz kennengelernt und er hatte uns versprochen, wenn wir in den Südwesten Ontarios kommen würden, wollte er uns durch die Region führen. Wir konnten auch keinen besseren finden, denn er ist nicht nur hier ein bekannter Viehauktionator, seine Haupttätigkeit ist der Beruf eines Maklers, dessen Schwerpunkt in der Vermittlung von landwirtschaftlichen Anwesen liegt. Schon von weitem erkennen wir Bruce, der mit seiner Baseball-Kappe, die seinen Namen ziert, zu uns hinüber winkt. Gemeinsam schlendern wir über den Markt und durch Bruce lernen wir viele Mennoniten persönlich kennen. Ich versuche des öfteren mit den Bauern deutsch zu sprechen und zu meiner Überraschung antwortet man mir sogar in deutsch. Die Mennoniten sprechen hier das sogenannte Pennsylvania-Dutch, ein altes deutsch, das sich über 200 Jahre lang erhalten hat. Unser Begleiter rät mir, ich solle mich nicht so verplaudern, denn ab Mittag wäre alles vorbei. Ich selbst hatte es gar nicht so wahrgenommen, erst jetzt fällt mir auf, daß die Händler schon kräftig ihre Stände zusammenpacken. „Kommt ich zeige euch das zwei Kilometer entfernte St. Jacobs“, schlägt Bruce vor.
Früher wurde dieser Ort Jacobsstettl genannt, der auch heute noch einer der großen Mittelpunkte des mennonitischen Lebens ist. Sie haben sogar hier ein Museum eingerichtet, das die Geschichte der Glaubensgemeinschaft anschaulich darstellt. Im „Meetingplace“ erfährt man viel über den Leidensweg der Mennoniten. Dieser Ort mit seiner hügeligen Hauptstraße erscheint mir schon selbst wie ein lebendiges Museum. Schon von weitem sind die tiefgläubigen Einwohnerinnen an ihren blauen Kleidern und den weißen Hauben zu erkennen, die Männer dagegen tragen fast alle schwarze Anzüge und bedecken das Haupt mit dunklen Strohhüten. Eine weitere museale Attraktion ist hier das „Maple Syrup Museum of Ontario“, wo in der „Old Factory“, Spring Street, die Gewinnung des Ahorn-Sirups vorgeführt wird.
Zum Abendessen sind wir im Haus von Bruce eingeladen. Dazu müssen wir noch über 60 Kilometer weit in Richtung Westen fahren. Sein Haus liegt auf einem Hügel kurz hinter dem kleinen Ort Brucefield. Empfangen werden wir von seiner Frau Dawn und seinem Sohn Kent. Es wird ein kurzweiliger Abend und die Rathwells sind ausgezeichnete Gastgeber. Für die Nacht hat uns Bruce bei Freunden untergebracht, die nicht weit von Brucefield entfernt eine Farm betreiben. „Damit ihr mal wieder deutsch sprechen könnt“, stellt uns Bruce die Gastgeber vor. Es sind Fritz und Kathi Beyer-

lein, die erst vor einigen Jahren von Nürnberg nach Kanada übersiedelten. Mit ihrer Farm bei Benmiller sind sie sehr erfolgreich, denn sie haben sich auf Saatgut spezialisiert, das sie waschen, reinigen und trocknen und dann mit Gewinn verkaufen. Nebenbei betreiben sie noch „Kathi's Guesthouse", ein Gästehaus, das mit zwei Zimmern direkt neben dem Farmhaus gelegen ist. Am anderen Morgen möchte uns Bruce ebenfalls erfolgreiche Deutsche vorstellen. Dazu fahren wir nach Exeter, zu den Evergreen Farms. Hier hat der 30jährige Heiner Holland mit seiner Frau Ellen sich an ein einmaliges Projekt herangewagt. Zur Zeit bauen sie an dem größten Gewächshaus von Ontario. Es wird über 190 m lang sein, gestützt von 2500 Pfosten wollen sie 53 Kilometer verzinkten Draht verbrauchen. Auf 10,8 acre (1 acre = 4047 qm^2) haben sie das Ziel, über 3,7 Millionen Tomaten pro Jahr zu ernten, rund 2200 Tonnen. Während ich zu Hause diesen Text niederschreibe, berichtet mir Bruce, daß mittlerweile das Projekt erfolgreich angelaufen ist. Und es geht weiter durch das fruchtbare Land, wo 65 verschiedene landwirtschaftliche Produkte angebaut werden. Ganz im Westen, am Huronen See, wollen wir nochmals erfolgreiche Deutsche kennenlernen. Diesmal besuchen wir keine Farmer, heute wollen wir uns kulinarisch verwöhnen lassen. Bei dem Ort Zurich machen wir Station bei Christa und Ernst Ihrig, die hier das Hotel Hessenland betreiben. „Nomen est Omen", denn sie stammen aus Hessen. 1982 haben sie Friedberg verlassen, um fernab aller großen touristischen Routen ein 15-Zimmer-Hotel zu betreiben. Hinzu kommt noch eine 40 acre Farm, die direkten Zugang zum See hat. Doch mit meiner Meinung, daß die Region am Huronen See fernab aller touristischen Pfade gelegen sei, ernte ich sofort kräftige Widersprüche. Bruce meint: „Für dich als Europäer ist sie vielleicht unbekannt, doch für uns Einheimische ist schon hier viel zu viel los." Das erlebe ich dann auch postwendend bei dem Ort Grand Bend, wo wir Archie Gibbs, einen ehemaligen Farmer besuchen. Vor 20 Jahren hatte er in Zeiten der Rezession, einen 300 Meter langen Badestrand gekauft. „Damals", so berichtet er mir, „wollte ihn keiner haben, heute kommen in unser 1000-Seelen-Dorf über 10 000 Besucher an einem einzigen Wochenende."

Nach ein paar Tagen Aufenthalt bei den Beyerleins werden wir von Bruce zum Abschied an den Huronen See nach Goderich eingeladen. Wo die Straßenplaner sich an den Speichen eines Wagenrades orientierten. Ein Großteil der Straßen laufen wie Speichen auf einer Nabe zum achteckigen „Square" zu. In unmittelbarer Nähe, an der Hamilton Street, befindet sich das „fine dining" Restaurant Robindales. Eine viktorianische Villa, die 1982 von den Lehrern Rob McGregor und Dale Dolson zu einem Restaurant der Spitzenklasse ausgebaut wurde. In guter Gesellschaft mit unseren Freunden, einem ausgezeichneten Fischmahl und einem Trüffelkuchen als Dessert beenden wir unseren Aufenthalt im Süden und im Westen Ontarios.

Seite 68:
Nebel liegt über einem See in den Muskokas, Ontarios Ferienregion.
Nikon F4

Seite 69:
Kanadas schönster Wasservogel, der Eistaucher, in Kanada Loon genannt. Sein Konterfei ist auf der Rückseite der Dollarmünze eingeprägt. Ein sehr scheuer Vogel, der bei der geringsten Annäherung abtaucht und bis zu fünf Minuten unter Wasser bleiben kann.
Nikon F4

Flug über die 30 000 Inseln

Nachdem wir den Süden ausgiebig kennengelernt hatten, setzen wir nun unsere Rundreise durch Ontario im Uhrzeigersinn fort. Unser nächstes Ziel ist die Schärenwelt der 30 000 Inseln an der Georgian Bay. Diese Region am Ostufer des Lake Huron wurde schon 1929 zum National Park erklärt. Über 59 Inseln umfaßt der „Georgian Bay Island National Park“, der im Übergangsgebiet zweier Vegetationszonen liegt. Im Süden sind die Inseln mit einem üppigen Mischwald bedeckt und im Norden krallen sich an den kahlen Granitfelsen des kanadischen Schildes windzersauste Krüppelkiefern (Bildseite 78) fest.

Über den Highway 21 verlassen wir Goderich in Richtung Norden und schon bald erreichen wir Owen Sound, unseren ersten Ort an der Georgian Bay. Doch bei den Sandsteinklippen der 20 000 Einwohner zählenden Gemeinde halten wir uns nicht lange auf, unser Ziel, und das wollen wir noch heute erreichen, ist die alte Missionsstation „Sainte Marie among the Hurons“. Doch wir ändern kurzfristig unsere Reisepläne. Denn nicht weit entfernt, so hören wir im Radio, findet bei „Discovery Harbour“ ein „Musical Ride“ der kanadischen berittenen Polizei statt. Am Ende des Highway 93, bei dem Ort mit dem unaussprechlichen Namen Penetanguishene, den selbst die Einheimischen nicht richtig aussprechen können, sie sagen einfach: Penteng, liegt das historische Hafengebiet. Von 1817 bis 1856 gab es hier eine Militär- und Marine Basis der Engländer. Auf einem freien Platz vor den restaurierten Gebäuden erleben wir das traditionelle Dressurreiten der „Mounties“, die an diesem sehr heißen Sonntag mir leid tun. Eingezwängt in ihren roten Uniformen reiten sie zum Takt von Musikstücken. Zu allem kommt noch hinzu, daß sie bei den Übungen in der rechten Hand eine Lanze halten. Obwohl wir schon im Laufe der Jahre in Kanada viele Musical Ride gesehen haben, so ist es doch jedesmal wieder interessant, das exakte Zusammenspiel zwischen Mensch und Pferd zu erleben (siehe auch die Bildseiten 10, 122 und 123). Viel zu spät verlassen wir Discovery Harbour. Nur gut, daß die alte Missionsstation nur 15 Kilometer weit entfernt ist. Doch bei der Abfahrt bleiben wir hoffnungslos im Stau stecken, so daß wir uns entschließen hier zu übernachten und Saint-Marie among the Hurons erst am nächsten Morgen zu besichtigen.

Es war eine gute Entscheidung, denn die authentisch rekonstruierte Jesuiten-Mission von 1639 offenbart sich als ein sehr interessantes Museumsdorf, wo es für uns viel zu entdecken gibt. Studenten in historischen Kostümen stellen noch einmal die Zeit dar, wie in der palisadenbewehrten Station die französischen Missionare lebten, die schon 1649 wegen indianischer Angriffe aufgegeben wurde. In der nachgebauten Schneider- und Schuhmacherwerkstatt und in der Schmiede zeigt man uns, wie damals Dinge des täglichen Lebens hergestellt wurden. Durchzogen wird die Anlage von einem schmalen Kanal, der wahrscheinlich zur Abfallentsorgung diente. Beginnen oder beenden sollte man hier seinen Besuch mit einer Kanufahrt auf dem Isaraqui Fluß. Während dieser Tour ist sehr gut das von Palisaden umgebene Saint-Marie zu sehen, so wie es die Bewohner im 17. Jahrhundert erlebt hatten. Das Programm wird im Juli und August für eine zusätzliche Gebühr angeboten. Genau gegenüber, auf der anderen Straße des Highway 12, befindet sich eine weithin sichtbare Kirche. Die 1926 erbaute Martyr‘s Shrine Church erinnert an das Leiden der Missionare, die 1642 von den Indianern getötet wurden. Auf dem Highway 69, der 1997 in Highway 400 umbenannt wurde, fahren wir nun nach Norden. Unser Ziel ist die Ferienanlage Resort Tapatoo, die am Otter Lake kurz vor dem Ort Parry Sound gelegen ist. Wir sind mit Christa und Günter Siebert verabredet, ein deutsches Ehepaar, die hier eine luxuriöse Hotelanlage aufgebaut haben. An dem „Platz der Freude“, so heißt Tapatoo aus dem indianischen übersetzt, fühlen wir uns sofort wohl. Hier gibt es einen großen Badestrand, Liegestühle, Kanus, ein riesiges Schwimmbad, hinzu kommt noch ein Haupthaus mit der Front eines Schwarzwaldhauses. Am meisten überrascht waren wir, als sich herausstellte, daß meine Frau und Günter auf die gleiche Schule in Kassel gingen. Während wir auf dem Patio zu Abend essen, ruft Günter mir zu: „Telefon! Für die Pfaffs.“ Fragend schaue ich meine Frau an, doch sie schüttelt nur mit dem Kopf und sagt: „Es weiß doch niemand, daß wir hier sind.“ Einer hatte es doch gewußt. Es war Jürg aus Toronto, bei dem ich den Wunsch geäußert hatte, einmal mit einem Wasserflugzeug über 30 000 Inseln zu fliegen. „Gerade ist Dietmar von Parry Sound Air vor unserem Sommerhaus am Manitouwabing Lake gelandet. Wir sitzen hier nur 30 Kilometer entfernt von euch, wir kommen mal‘ rübergeflogen, bis gleich“, sprachs und legte auf. Als ich Günter sein tragbares Telefon zurückgebe, weiß er schon, daß Jürg uns besuchen möchte. „Gleich wird es sehr laut, wenn Dietmar mit seiner Otter unten am Steg landet“, hat er zu berichten. Aus Neugierde will ich wissen, wieso Jürg einfach mal mit einem Wasserflugzeug vorbeikommen kann. „Ja, du weißt doch noch nicht alles über Jürg“ antwortet er mir triumphierend. „Der zieht hier überall an den Fäden, er ist nämlich auch Mitbesitzer von Parry Sound Air.“

Ein tiefes und sattes Motorbrummen erfüllt die Luft über dem Otter Lake. Über den Baumwipfeln taucht vor uns ein großes Wasserflugzeug auf, das nach einer großen Schleife behutsam auf der Wasseroberfläche landet. Kaum hat das Wasserflugzeug, das mit einer gelben Lackierung und einem roten Streifen an der Seite verziert ist, den Bootssteg erreicht, öffnet sich die hintere Kabinentür und Jürg winkt uns freudig zu. Nachdem er das Flugzeug fest gezurrt hat, klettern noch zwei weitere Personen die kleine Leiter hinunter. Ich erkenne Ingrid, die Frau von Jürg. Die zweite Person, die mit einem Polohemd und Shorts bekleidet ist, stellt sich als Dietmar Zschogner vor. Es ist der Pilot und Inhaber von Parry Sound Air. „Wir müssen uns beeilen, wenn du noch die 30 000 Inseln im letzten Abendlicht fotografieren willst“, mahnt Jürg zur Eile. Sofort kommen wir der Aufforderung nach und klettern in das Wasserflugzeug, das immer noch den Motor laufen hat. Überrascht bin ich von der Größe der Kabine, wo für 12 Personen Platz ist. Der deutschstämmige Dietmar, der als 12jähriger nach Kanada kam, erklärt mir: „Das ist eine DeHavilland Classic Otter, die wurde eigentlich für den Korea-Krieg gebaut. Sie ist als „Arbeitspferd der Lüfte“ in ganz Kanada noch im Einsatz“.

Seite 72:
Mit Dietmar, einem deutschstämmigen Einwanderer, und seinem historischen Wasserflugzeug „Otter“ fliegen wir zu Jürgs Sommerhaus in die Muskoka Region.
Leica R6

Seite 73:
Gut vertäuen müssen wir die „Otter“, das Aushängeschild der Wasserfluggesellschaft „Parry Sound Air“. Denn für den Besitzer, Dietmar Zschogner, ist dieses „Arbeitspferd der Lüfte“ ein Schmuckstück, das er hegt und pflegt.
Leica R6

C-FODQ
Parry Sound Air

Beim Starten schüttelt der 600 PS starke Neun-Stern-Motor von Pratt & Whitney uns kräftig durch und ein ohrenbetäubender Lärm macht eine Unterhaltung fast unmöglich. Schnell sind wir in der Luft und streben der untergehenden Sonne zu. In der Ferne kann ich schon die Georgian Bay und einen Teil der 30 000 Inseln erkennen. „Morgen werden wir hier unten auf den Inseln einige interessante Leute besuchen", verspricht mir Dietmar. „Jetzt ist es schon zu spät, doch morgen hast du den ganzen Tag Zeit zum Fotografieren. Heute wollten wir dir nur einen ersten Eindruck über die Landschaft verschaffen", ruft mir Jürg vom hinteren Teil der Kabine zu. Und wie Recht er hatte, den innerhalb von fünf Minuten war die Sonne im Lake Huron untergegangen und das Licht war schlagartig so schwach, daß ich mit meinem FUJI Velvia Film, der nur 50 ASA hat, nicht mehr verwackelungsfrei hätte fotografieren können. Mit diesem Film fotografiere ich u. a. schon seit Jahren und immer wieder bin ich von seiner Qualität aufs Neue begeistert.

Die Nacht sollen wir im Sommerhaus von Jürg verbringen, deshalb läßt er Dietmar allein zu seiner Basis nach McKellar zurückfliegen. Wir fahren gemeinsam mit unserem in Kanada erworbenen Chrysler Voyager zum Haus von unserem Gastgeber. Dort angelangt, am Manitouwabing Lake, bin ich und gleichermaßen meine Frau überwältigt. Jürg hatte mit seinem Sommerhaus total untertrieben. Wir stehen vor einer eindrucksvollen Traumvilla, die all meine Erwartungen übertrifft. Da in der bewaldeten Einfahrt ein Rolls Royce steht, frage ich Jürgen: „Sind wir überhaupt richtig hier?" „Doch, doch, was du hier siehst ist mein Zweitwagen, mit dem ich im Sommer unterwegs bin, den BMW benutze ich meistens nur im Winter", sagte er voller Stolz. Es wird eine lange Nacht und besonders beeindruckt bin ich von seiner Kellerbar, in die man über naturbelassene Felsen, auf dem die Basis des Hauses steht, hineinklettern muß. Jürg meint, damit würde er sich als gebürtiger Schweizer etwas heimischer fühlen (siehe auch Bildseite 72). Schon frühzeitig am nächsten Morgen wird die Ruhe über dem See von einem dumpfen Brummen gestört. Jürg strahlt: „Hör' dir den Sound an, für mich ist es wie Musik." Kaum ist die Otter gelandet, da sind wir schon wieder in der Luft. Es geht nach Westen. Unser Ziel sind die Mink Islands, eine dem Parry Sound vorgelagerte Inselgruppe in der Georgian Bay. Nachdem wir das Festland überflogen haben, tauchen jetzt unter uns unzählige kleine Granit-Inseln auf, die nur spärlich mit Kiefern bewachsen sind. Doch schon bald sehe ich nur noch offenes Wasser unter mir. Kurze Zeit später zeigt mir Dietmar an, daß wir jetzt landen werden. Vor uns taucht eine winzige Insel auf, die etwa so groß wie ein Fußballfeld ist. Jetzt kann ich auch eine kleine Hütte entdecken, von der uns ein Mann zuwinkt. Obwohl hier draußen ein kräftiger Wellengang herrscht, setzt Dietmar die Otter wieder sanft auf der Wasseroberfläche auf. An einem kleinen Steg werden wir schon von einem alten Mann erwartet, der uns freudig begrüßt. Es ist der Einsiedler Warren Edgar, der hier während der Sommermonate in völliger Abgeschiedenheit lebt. Seine einzigste Verbindung zur Außenwelt sind verschiedene Funkgeräte, mit denen er den Flug- und Schiffsfunk der Region abhört. Das Foto von Jürg und

Ingrid Sommer auf den Bildseiten 8 und 9 entstand an diesem Bootssteg. Für Warren, der bis zu seiner Pensionierung bei der Küstenwache beschäftigt war, sind wir eine willkommene Abwechslung und er möchte uns gar nicht mehr gehen lassen. Leider müssen wir uns schon bald von ihm verabschieden, denn Jürg und Dietmar möchten uns noch „Henry's World Famous“ Fischrestaurant zeigen. Doch um zu diesem Restaurant zu gelangen, fährt man nicht einfach mal los um zu speisen. Hier kommt man nur mit dem Boot hin, oder wie wir mit dem Wasserflugzeug, denn es liegt weit draußen auf der Insel Sans Souci. Über eine Stunde lang fliegen wir nur über offenes Wasser nach Süden, dann meldet sich Dietmar per Funk bei Henry, dem Besitzer dieses berühmten Lokals. Henry meldet zurück, daß alle Anlegestellen von Booten besetzt wären und wir sollten doch noch einen Moment kreisen, damit er uns Platz verschaffen kann. Anscheinend muß es schon etwas besonderes sein, hier speisen zu können, denn selten habe ich so viele Boote vor einem Restaurant gesehen. Als wir dann endlich einen freien Platz zum Anlanden finden, ist sofort der Steg mit vielen neugierigen Menschen besetzt. Nicht alle Tage landet hier eine Classic Otter, die heute im grellen Sonnenlicht besonders glänzt. Henry muß meine Begleiter gut kennen, kaum haben wir das völlig überfüllte und sehr einfach gehaltene Lokal betreten, begrüßen sie sich wie alte Freunde. Natürlich essen wir hier Fisch, denn das ist Pflicht bei Henry. Hoffnungslos haben wir uns verplaudert und Dietmar kommt jetzt in Zeitdruck. „Ich muß zurück, auf mich wartet noch ein Flugschüler und ein bißchen Geld muß ich auch noch verdienen“, sagt er etwas vorwurfsvoll. „Einen Flugschein wollte ich auch schon immer mal hier in Kanada machen“, schwärme ich ihm vor. „Kein Problem, bei mir bist du richtig, wann wollen wir anfangen?“ Ich verspreche ihm, daß wir im nächsten Jahr mit der ersten Flugstunde beginnen können. Voraussetzung für einen Wasserflugschein ist aber der Motorflugschein, den muß man schon in der Tasche haben, doch dann kann es losgehen. Jeder Ausländer kann hier bei Parry Sound Air in kürzester Zeit ein lizensierter Buschpilot werden. Man benötigt lediglich einen Motorflugschein, ein ärztliches Gesundheitszeugnis, den Reisepaß und natürlich schon Motorflugerfahrung. Für die Übungsflüge steht eine Champion Citabria 7 GCBC mit 150 PS, die der Deutsch-Kanadier Manfred fliegt, oder Dietmars 450-PS-Turbo-Beaver, ein sehr seltenes Flugzeug, von dem nur 50 Modelle gebaut wurden, zur Verfügung. Die kanadische Regierung verlangt mindestens vier Stunden Übungsflugzeit mit dem Fluglehrer und eine Stunde Alleinflug. In der Regel, so berichtet mir Dietmar, brauchen die Flugschüler zwischen 7 und 10 Stunden Trainingszeit. Die Kosten für den Wasserflugschein, der den Gebrauch des Flugzeuges, inklusive Fluglehrer umfaßt, betragen zwischen 1000 und 1700 kanadische Dollar. Doch für uns heißt es zuerst einmal von guten Freunden Abschied nehmen, denn wir müssen weiter nach Norden.

Seite 76:
Die 30 000 Inseln in der Georgian Bay kann man am besten aus der Luft erleben. Um Dietmars Otter aus der Luft fotografieren zu können, flog ich mit seinem Onkel Manfred in einem winzigen Trainingsflugzeug neben her, es war teilweise eine sehr waghalsige Aktion.
Nikon F4

Seite 77:
Über 65 Inseln umfaßt der Georgian Bay Island National Park. Die meisten Inseln im Lake Huron sind unbewohnt und werden selten von Menschen betreten, ohne nautische Karten ist man verloren.
Nikon F4

Parry Sound Air

Links: Ein typisches Bild der 30 000 Inseln sind die windzerzausten Kiefern, die auch die „Group of Seven“, eine 1920 gegründete Gruppe von kanadischen Malern, immer wieder inspirierte.

Oben: Ein Erlebnis der besonderen Art, mit dem Wasserflugzeug neben einer der unzähligen Inseln in der aufgewühlten Georgian Bay zu landen.

Unten: Die Ferienanlage Tapatoo Resort des deutschen Günter Siebert ist eine der ersten Adressen in der Parry Sound Region. Von seiner eigenen Uferfront aus, kann man mit dem Kanu den Otter Lake erkunden.

Der Norden

Jürg und Ingrid, unsere beiden Gastgeber, die schon viel zum Gelingen dieses Buches beigetragen haben, wollen uns nun doch nicht so einfach gehen lassen. „Bevor ihr in den einsamen Norden fahrt, wo es nur Beeren und Elchfleisch zum Essen gibt, möchten wir euch noch einmal kulinarisch verwöhnen“, sagt er scherzhaft. „Wir dulden keinen Widerspruch und ein Tisch ist auch schon bestellt.“ Mein Einwand, daß wir uns schon viel zu lange hier im „Cottage Country“, der Ferienhaus-Region von Ontario, aufgehalten hätten, wird von den beiden nicht zur Kenntnis genommen. „Du kannst euer Auto hier am Haus stehen lassen, wir fahren mit meinem Rolls Royce“, ruft er uns zu, während er schon die Tür an der Nobelkarosse öffnet. Nur wenige Minuten dauert unsere Fahrt zum „Inn at Manitou“, eine Hotel- und Tennisanlage mit 15 Tennisplätzen. Die Besitzer, Ben und Sheila Wise, erwarten uns schon am Eingang dieser exklusiven Ferienanlage, die zur renommierten „Relais & Chateaux“ Hotelkette gehört. Ben, der jüdischer Abstammung ist, erklärt mir voller Stolz, daß seine Anlage die einzigste in Kanada sei, die von der Hotelkette mit dem „Golden Schild“ ausgezeichnet ist. Als kanadischer „Waldläufer“ fühle ich mich in dem prunkvollen Ambiente etwas fehl am Platz, denn wir sind umringt von mehreren geschäftigen Servicekräften und dann stellt sich auch noch der Chefkoch persönlich vor, Monsieur Jean-Pierre Challet aus Lyon. Als Vorspeise empfiehlt man uns einen Salatteller und als Hauptgang Beef Tartar mit French Fries (Pommes frites). Nun ja, daß ist halt „Nouvelle Cuisine“. Obwohl ich mich in der Gesellschaft von Jürg und Ingrid sehr wohl fühle, beginne ich zu drängeln, denn wir wollen noch heute ein paar Lodges in der knapp 100 Kilometer weiter nördlich gelegenen French River Region besuchen.

Es wird ein sehr herzlicher Abschied von unseren Gastgebern und wir müssen ihnen versprechen, wenn wir aus dem Norden zurückkommen, in Toronto noch einmal Station zu machen. Mittlerweile ist es schon spät am Nachmittag, als wir auf den Trans-Canada Highway, der hier Highway 69 heißt, einbiegen. Hinter dem Ort Parry Sound sporne ich meine Frau an: „Los gib’ ein bißchen Gas.“ Doch wenn sie selbst fährt, läßt sie sich nicht beirren, stur hält sie sich an das Limit. Bei dem kleinen Ort Nobel, in einer 70-Kilometer-Zone, sagt sie plötzlich mit einem Ausdruck von Genugtuung zu mir: „Schau mal nach rechts, siehst du dort den Polizisten mit der Pistole.“ Ich hatte ihn natürlich auch gesehen, den Polizisten mit der Radarpistole und ich bin froh, daß sie nicht auf mich gehört hat, denn ein „Ticket“ in Kanada zu bekommen, ist immer unangenehm. Seit neuestem gibt es für den eiligen Autofahrer im Internet einen tollen Service. Unter der Homepage: „http://www.speedtrap.com“ findet man alle bekannten Radarkontrollstellen von Kanada, geordnet nach Provinzen.

Schon bald haben wir unser erstes Ziel, die Tornado‘s Resort und Fly-in-Lodges erreicht. Dazu müssen wir den Trans-Canada Highway verlassen und auf der Nebenstraße 522 nach Port Loring weiterfahren. Leicht zu finden ist das große, helle Hauptgebäude, das am Toad Lake beim Pickerel River liegt. Die „Main Lodge“ ist in erster Linie Ausgangspunkt für Ausflüge, die weitab jeglicher Zivilisation an einsame Seen, zu sogenannten

Fly-in-Outpost führen. Geführt wird sie von Schweizern, wie auch unsere nächste Station, der Sand Beach Lodge, die 80 Kilometer weiter nördlich am French River liegt. Seit 1620 wurde der 112 Kilometer lange historische Fluß, der den Lake Nippising mit der Georgian Bay verbindet, von den franko-kanadischen Pelzhändlern als schneller Verbindungsweg benutzt. Heute steht die paradiesisch anmutende Naturlandschaft des French Rivers mit seinen seenartigen Buchten, unberührten Inseln, den felsigen Ufern, sowie den angrenzenden Indianer-Reservaten unter dem Schutz eines Provincial Parks. Bei den Recollet Falls an der Brücke des Highway 69 kann man am besten auf Tuchfühlung mit dem Fluß gehen. Direkt von einem Picknickplatz aus führt ein 1,5 Kilometer langer Fußweg zu den „Rapids" (Stromschnellen), der immer entlang des French Rivers über die glatten Felsen des Kanadischen Schildes führt. Kurz nach der Brücke biegen wir vom Highway 69 nach rechts in die 607 ab und in wenigen Minuten erreichen wir an der Dry Pine Bay die Sand Beach Lodge. Hier begrüßen wir die Schweizer Bruno Boretti und Urs Bachmann, die vor fünf Jahren die Lodge übernommen und ausgebaut haben. Bei ihnen ist der passionierte Angler bestens aufgehoben. Geangelt wird fast ausschließlich aus Motorbooten, von denen 16 zur Verfügung stehen. Das Gebiet ist bekannt für seine große Fülle an kapitalen Hechten (Northern Pike), Zandern (Walleye oder Pikerel), Barschen (Small Mouth Bass) und Stören (Sturgeon).

Etwas nördlich vom French River macht die reizvolle Landschaft plötzlich einem öden Kratergebiet Platz, der Mondoberfläche so ähnlich, daß die ersten amerikanischen Astronauten sogar hier trainierten. Ein riesiges durch Menschenhand geschaffenes Becken, das durch den Abbau von Nickel und Kupfer entstand und der geschäftigen über 100 000 Einwohner zählenden Stadt Sudbury zu Wohlstand verhalf. Der „Große Nickel", ein 9 Meter hohes 5-Cent-Stück aus rostfreiem Stahl und Nickel steht symbolträchtig oberhalb der Stadt für Sudburys Rolle als Zentrum der größten Nickelindustrie der Welt. Um dieses Wahrzeichen zu besichtigen, mußten wir 3 Dollar hinblättern, beim angrenzenden Museum wurden wir dann nochmals zur Kasse gebeten. Interessant ist hier ein Hubschrauberflug, der ebenfalls unmittelbar neben dem „Big Nickel", für nur 25 Dollar angeboten wird. Der Rundflug wird mit einem winzig kleinen Dreisitzer durchgeführt und dauert nur wenige Minuten, trotzdem aber zu empfehlen. Im eindrucksvollen Wissenschaftsmuseum „Science North" kann man Hurrikane simulieren, die Sonne durch Teleskope beobachten oder Erdbeben mit einem Seismographen messen. Direkt neben dem Museum in der Ramsey Road befindet sich auch ein IMAX-Theater, daß mit einer haushohen Leinwand dem Besucher realistisches Filmvergnügen vermittelt. Stolz wird hier behauptet, daß Sudburys Bergwerke 85 Prozent des Weltbedarfs an Nickel fördern. Für uns Grund genug, dieser riesigen industriellen Abraumhalde schon bald den Rücken zu kehren.

Das Land außerhalb der Schlacken ist reich an Seen, Wäldern und Flüssen und lädt zum Angeln ein. An Wochenenden trifft man die meisten Einwohner im Killarney Provincial Park wieder, der durch

Seiten 82/83:
Drei Stunden lang dauert die Schiffsreise mit der Island Queen durch die Inselwelt der Georgian Bay. Eine erlebnisreiche Tour, die an der Pier von Parry Sound startet.

Seiten 84/85:
Über 39 m tief stürzen die Wasser der Aubrey Falls. Der Wasserstand wird durch ein angeschlossenes Wasserkraftwerk, das in der Nähe des Highway 556 liegt, geregelt.

Seite 86/87:
Die letzte große Felsbarriere vor der weiten Prärie, der urzeitliche Quiemet Canyon bei Thunder Bay im Norden Ontarios.

Seiten 88/89:
Von 1803 bis 1821 war Old Fort William das inländische Hauptquartier der Pelzhandelsgesellschaft North West Company. Einer der letzten Vorposten vor der damaligen Wildnis, heute sind 42 Häuser hinter den Palisaden der ehemaligen Handelsstation restauriert und mit Leben erfüllt.

Seiten 90/91:
Mit dem Veranstalter „Coureur de Bois" kann man, wie vor 300 Jahren, auf den Spuren der Voyageure mit dem Kanu unterwegs sein.

Seite 92:
Es war ein besonderer Menschenschlag, die als erste Weiße die Flüsse Kanadas befuhren. Tim McDonagh ist ein Nachfahre dieser „Voyageure", die damals mit ihren Kanus den Pelzhandel in Schwung brachten.

Seite 93:
Mick und Rick Chartier haben ebenfalls das Blut der Voyageure noch in den Adern. Mit ihren nachgebauten Voyageur-Kanus kann man die Flüsse, die zur James Bay fließen, neu entdecken.

30,000

RUISE LINE
ISLAND QUEEN V

eine 69 Kilometer lange Stichstraße zu erreichen ist. In dem 363 Quadratkilometer großen Gebiet kann man auf dem Baie Fine Trail und auf dem Silver Peak Trail tagelang an der Georgian Bay unterwegs sein. Gleich hinter Sudbury bei dem Ort Espanola liegt der Abzweig nach Manitoulin Island, für jeden Besucher ein Muß, wenn er im nahen Norden Ontarios unterwegs ist. Nördlich der 30 000 Inseln liegt sie im Lake Huron und ist mit einer 1600 Kilometer langen Küstenlinie die größte Binneninsel der Welt. Das Städtchen Little Current, das am Ende des erhöhten Dammweges liegt, der die Insel mit dem Festland verbindet, war einst ein kleiner Handelsposten der Hudson Bay Company. Im letzten Jahrhundert erlangte er dann seine größte Bedeutung als Holzhafen, heute sind hier 1600 Einwohner zu Hause, die hauptsächlich vom Fremdenverkehr leben. Anfang August findet auf den Manitoulin Islands eines der größten Indianer Pow Wows Ostkanadas statt. Bei dem südöstlich gelegenen Ort Manitowaning werden die alljährlichen Wikwemikong Annual Indian Days gefeiert, nähere Auskunft hierzu erteilt: Cynthia Bell, Telefon 705-859-2358.
Zurück auf dem Festland fahren wir weiter auf dem Trans-Canada Highway zur zweitgrößten stahlproduzierenden Stadt von Ontario, nach Sault St. Marie. Mit ihrer Schwesterstadt gleichen Namens auf der amerikanischen Seite liegt sie am engen Verbindungsweg zwischen Huron und Oberen See. Gegründet wurde die heute 80 000 Einwohner zählende Stadt schon 1668 von Jesuiten, die sich hier an dem alten Indianertreffpunkt ansiedelten. Die Stromschnellen des St.-Mary-Flusses waren übrigens der Namensgeber der

Seite 95:
Mit der Eisenbahn in die Wildnis. Dieses besondere Erlebnis wird bei Sault St. Marie angeboten und dauert einen ganzen Tag lang. Der Höhepunkt dieser Reise ist der Halt im spektakulären Agawa Canyon, zu dem es keine Straßenverbindung gibt. Während der Zwischenstation kann man eine Wanderung zu Wasserfällen unternehmen, auf einem Felsen Picknick machen, oder von einer der Aussichtsplattformen das ganze Panorama auf sich einwirken lassen.

1752
ALGOMA · CENTRAL RAILWAY

Stadt, den Sault kommt aus dem französischen und heißt einfach „Stromschnellen". Um die „Rapids" zu umgehen und um den Höhenunterschied von sieben Metern zwischen dem Lake Huron und dem Lake Superior auszugleichen, wurden vor 100 Jahren riesige Schleusen gebaut. Vier auf der amerikanischen Seite und eine auf der kanadischen Seite, die zu dem Verbindungssystem des St.-Lorenz-Strom-Seeweges gehören. Unterhalb der drei Kilometer langen Brücke, die die beiden Städte verbindet, kann man auf der kanadischen Seite alte Schleusenanlagen besichtigen und auf Wegen entlang der Stromschnellen wandern. Interessant ist auch das Hauptquartier des „Ontario Provincial Air Service", am östlichen Ende des Hafengebietes. Die Flugzeuge dieser Station, die sogenannten „Feuervögel", verwenden seit 1924 Wasserbomben zur Bekämpfung von Waldbränden. Der beliebteste Tagesausflug im „Sou"-Gebiet (so wird allgemein der Ort Sault St. Marie genannt) ist eine Bahnfahrt in den berühmten Agawa Canyon, eine der wenigen Möglichkeiten in die Wildnis einmal kurzzeitig einzudringen. Pünktlich um acht Uhr morgens verläßt der Zug der Algoma Central Railway die Station an der Bay Street. Auf der Fahrt in Richtung Norden geht es an Wasserfällen und Seen vorbei, fast die ganze Strecke führt durch Wälder und die Strecke berührt dabei keine Straße, so lautet jedenfalls die Auskunft der Touristinformation in Sou. Den ganzen Tag dauert die 180 Kilometer Eisenbahnfahrt, die im Agawa Canyon mit einer zweistündigen Pause unterbrochen wird. Besonders beeindruckend ist der Ausflug im Indianersommer, wenn der erste Frost die Ahornblätter blutrot färbt. Dann muß man auf jeden Fall vorbuchen, denn das Glühen der Wälder ist eine der größten Touristenattraktionen in Ontario. Nicht um die Fahrtkosten von 49 Dollar pro Person zu sparen, fuhren wir dann doch nicht mit, es lag einfach an dem Tag, der uns dadurch verloren gehen würde. Ich konnte mir auch nicht vorstellen, daß es keine Möglichkeit gäbe, an die Bahnstrecke nicht doch heranzukommen. Ich hatte nämlich in meinem Rand McNally Ontario Atlas gesehen, der u. a. der beste Straßenatlas der Provinz ist, kostet zur Zeit 19 Dollar, daß vor dem Agawa Canyon im Lake Superior Provincial Park bei der Bahnstation Frater eine Straße zur Strecke führt. Da wir sowieso weiter Richtung Norden fahren wollten und der 1540 Quadratmeter große Provinz Park an unserer Strecke liegt, fuhren wir sofort los. Und tatsächlich, gegenüber vom Agawa Campingplatz, fanden wir die Frater Road, die uns zur Bahnstrecke führen sollte. Doch die einspurige Straße ist ein grobsteiniger Feld- und Waldweg und um so höher wir in die Berge kommen, desto schlechter wird der Weg. Im Schneckentempo müssen wir im oberen Teil laufend große Steine umfahren und ich bin froh, daß wir mit unserem eigenen Auto hier unterwegs sind, denn mit einem Mietwagen hätten wir uns nicht auf solch eine Exkursion eingelassen. Nach acht Kilometern sehen wir die Gleise der Algoma Central Railway. Wir haben keine Ahnung, wann der Zug hier vorbeikommen könnte und wollen schon wieder zurückkehren. In diesem Moment, als wir den Motor abstellen, hören wir aus der Ferne das typische metallische Quietschen von Eisenbahnrädern. Schon gleich danach kommt der Zug aus einer langgezogenen Kurve direkt in unsere Richtung gefahren. Vor Sorge, daß der Zug aus meinem Blickwinkel fährt, ergreife ich schnell meine Kamera und laufe in Richtung Bahnschienen. Doch auf einmal wird der Zug immer langsamer und er kommt genau vor mir mit der Lokomotive zu stehen. Ich muß ganz schön verdutzt ausgesehen haben, während der Lokomotivführer mir freundlich zuwinkt. Hier entstand auch das Bild auf der Seite 95. Für alle Leser, die es nachvollziehen möchten, der Zug kommt genau um 2:40 Uhr.

Zu unserem nächsten „Pflichthalt" brauchen wir auf dem Highway 17 nicht weit zu fahren. Nur wenige Kilometer weiter nördlich bei einem Parkplatz führt ein teilweise steiler Pfad zu Felszeichnungen, die von Ojibway Indianern aus rostbraunem Oker an eine Felswand gemalt wurden. Da die letzten Meter unmittelbar am Wasserspiegel entlanggehen, ist äußerste Vorsicht angebracht, damit man nicht an den glatten Steinen in den Lake Superior rutscht. Außer einem Rettungsring, der hier vorsorglich liegt, ist auch für alle Fälle im Sommer ein Parkranger anwesend, der auch die Entstehung der Zeichnungen erklärt. Am besten man geht über die glatten Granitfelsen barfüßig. Bereits 1851 wurden die „Pictographs" von Henry Rowe, einem Indianer-Agenten aus Sault St. Marie entdeckt, doch der hinterließ keine schriftlichen Hinweise auf die Örtlichkeit. Erst 1959 wurden sie von einem Forscher wieder entdeckt. Wir sind begeistert von der hügeligen und waldreichen Landschaft des Parks und bedauern, daß wir nicht mit einem Wohnmobil unterwegs sind. Auf verschiedenen Campingplätzen werden hier 274 Stellplätze dem Besucher angeboten. Am nördlichen Ende des Parks erreichen wir dann sehr spät den Ort Wawa, wo wir im Wawa Motor Inn übernachten werden. Der Name des kleinen Ortes wird übrigens aus der Sprache der Ojibway Indianer abgeleitet und heißt übersetzt: Wildgans. Doch nicht nur deshalb steht hier eine überlebensgroße Gans auf einem Steinblock, Wawa ist auch im Herbst, wenn die Wildgänse ziehen, ein wichtiger Rastplatz auf dem Weg nach Süden. Gleich nebenan entdecken wir am anderen Morgen einen sehr fotogenen Wasserfall, die 23 Meter hohen High Falls am Magpie River (siehe auch die Bildseiten 140/141). Danach wird es einsam auf dem Trans-Canada Highway. Wir passieren kleine Ansiedlungen, die White River, Marathon und Rossport heißen. Doch so ganz einsam sind wir hier doch nicht, allein auf dieser Strecke zählten wir über 100 Holzlastwagen. Nicht verwunderlich, denn Dreiviertel der Fläche von Ontario (807 000 Quadratkilometer) sind mit Wald bedeckt und über 90 000 Ontarions sind bei der Forstindustrie beschäftigt. Der nächste landschaftliche Höhepunkt läßt nicht lange auf sich warten. Bei der Ansiedlung Nipigon bietet der Kama Lookout einen bildschönen Panoramablick über den Lake Superior. Doch schon kurz danach erleben wir noch eine Steigerung der landschaftlichen Eindrücke. Es ist der Quimet Canyon, eine urzeitliche Felsschlucht, die fünf Kilometer lang und 152 Meter breit ist. Vom Parkplatz aus, leider gibt es hier keinen Campingplatz, führt ein kurzer Fußweg zu verschiedenen Aussichtspunkten. Zwei sind nur mit einem Geländer gesichert, bei den restlichen muß man sehr vorsichtig sein, denn es geht schwin-

Seite 98:
Anglerglück bei unserem Freund Dennis, der einen wohlschmeckenden „Walleye" am Haken hat. Besonders die Seen im Norden Ontarios sind ausgezeichnete Angelreviere und nicht so belastet, wie verschiedene Seen im Süden der Provinz.

Oscar

delerregende 102 Meter senkrecht nach unten. Für mich persönlich ist diese spektakuläre Felsspalte einer der landschaftlich interessantesten Highlights im Norden von Ontario (siehe auch die Bildseiten 86/87). Ganz in der Nähe befindet sich eine Amethyst Mine, die man zufällig während der Bauphase einer Forststraße entdeckte. Wer will kann, natürlich gegen eine Gebühr, dort selbst sein Glück versuchen. Nicht weit müssen wir zu unserem nächsten Etappenziel nach Thunder Bay fahren, dem größten Ort in Ontarios nördlicher Region. Nach dem Zusammenschluß der Siedlungen Port Arthur und Fort William entstand 1970 dieser jetzt über 100 000 Einwohner zählende Ort, der als westlichster Hafen des St.-Lorenz-Strom-Seeweges noch für atlantische Frachter erreichbar ist. Hier werden die Weizenernten der Prärieprovinzen in riesigen Silos gelagert, um anschließend in die ganze Welt verschifft zu werden.
Nach einer Nacht im Super-8-Motel, eine preiswerte Motelkette mit gutem Standard, besuchen wir gleich am anderen Morgen die größte Attraktion der Region. Auf dem Weg dorthin, zum historischen Old Fort William am Stadtrand von Thunder Bay, sehen wir schon wieder in eine Radarpistole, die im Ortsbereich Verkehrssünder ertappen will. Schon 1803 war hier das Handelszentrum der North West Company eine Drehscheibe des Pelzhandels. Nach 13 Jahren wurde das Fort, das nicht militärischen Zwecken diente, sondern als Handelsposten eine wichtige Funktion hatte, von der konkurrierenden Hudson's Bay Company vereinnahmt. Nach dem Niedergang des Pelzhandels verfiel auch Old Fort William, wurde aber in unserem Jahrhundert wieder zu neuem Leben erweckt und ist heute mit seinen 42 rekonstruierten Gebäuden eine der größten historischen Attraktionen in Kanada. Alljährlich am Canada Day (1. Juli), dem Multi-Cultural Festival, werden die alten Zeiten noch einmal wach. Pelzhändler, Voyageure, Indianer und Soldaten, alle in historischen Trachten, kann man bei ihren Tätigkeiten des Alltags beobachten. Weitere Höhepunkte sind das „Große Rendezvous" (Mitte Juli), eine Woche später die „Scottish Days" und Ende August das „Ojibwa Keeshigun Native Festival". Nur 30 Kilometer hinter Thunder Bay unterbrechen wir schon wieder unsere Rundreise. Diesmal sind es die eindrucksvollen Kaskaden der 39 Meter hohen Kakabeka Wasserfälle, die unmittelbar vom Trans-Canada Highway aus zu bewundern sind. Obwohl wir hier fernab aller Großstädte sind, komme ich mir wie in Toronto oder Niagara Falls vor, denn auch hier müssen wir auf dem Parkplatz ein Ticket ziehen. Dahinter teilt sich das längste Asphaltband der Erde, in eine Nord- und Südroute. Wir wählen die Südliche, denn wir wollen über den Grenzort Fort Frances zum Lake of the Woods fahren. Der „See der Wälder" liegt genau im geographischen Dreieck von Nordwest-Ontario, der Provinz Manitoba und dem US-Bundesstaat Minnesota. Dieser zweitgrößte Binnensee Ontarios beherbergt rund 14 500 Inseln und ist, speziell für die US-Amerikaner, ein riesiges Freizeitgebiet. Wie beliebt das berühmte Feriengebiet ist, erfuhren wir dann am Abend bei der Zimmersuche. Nach unzähligen Absagen fanden wir dann bei dem Ort Nestor Falls endlich eine Bleibe für die Nacht. Am nördlichen Ende des Lake of the Woods

Seite 100:
Mit über 1500 Seen zählt der Algonquin Provincial Park zu den schönsten Kanurevieren Ontarios.

Seite 101 oben links:
Noch vor 100 Jahren war der Biber fast ausgerottet. Im Algonquin Provincial Park wurde er schon sehr früh unter Schutz gestellt.

Seite 101 oben rechts:
Unauffällig und bewegungslos steht der „Great Blue Heron" an den Ufern der Seen in Ontario. Über 16 500 Kraniche soll es in der Provinz geben, die bis zu 15 Jahre alt werden können.

Seite 101 unten rechts:
Drei verschiedene Arten von Wasserlilien wachsen in den Seen Ontarios. Die meisten findet man im Algonquin Provincial Park.

Seite 101 unten links:
In der Amphibienwelt Kanadas ist der Bullfrog der King. Er ist größer und hungriger als alle anderen Hüpfer Ontarios. Dieser junge Bullfrog zeigt noch keine Furcht vor der Nähe meiner Kamera.
Leica R6

Lookout

Seite 102:
Im Norden Ontarios, dort wo weniger Ahornbäume zu finden sind, färben sich im Herbst die Espen und Birken goldgelb.

Seite 103:
Den eindrucksvollsten Panoramablick über den Algonquin Provincial Park bietet der „Lookout Trail". Er liegt nur wenige Minuten Fußweg von der einzigsten Straße des Parks entfernt.
FUJI Panorama-Kamera

liegt Kenora, die letzte größere Ansiedlung vor der Provinz Manitoba. Bekannt durch seine 13 Meter hohe Fischfigur „Huskie the Musky", dem Wahrzeichen vom Lake of the Woods. Von hier aus wollen wir mit dem Wasserflugzeug weiterfliegen, unmittelbar in das Grenzgebiet der beiden kanadischen Provinzen. Wir sind mit Dennis Maksymetz, einem alten Freund aus Manitoba verabredet, der uns zum Angeln eingeladen hat. Unser Ziel ist die Pine Island Lodge, die direkt am Grenzfluß Winnipeg River liegt und nur mit dem Boot oder dem Wasserflugzeug zu erreichen ist. Fast 70 Kilometer fliegen wir in Richtung Norden, bevor wir dann am Winnipeg River landen, wo uns Dennis und der Besitzer Brian Burgess schon erwarten. Es werden ein paar sehr entspannende Tage, die wir meistens mit Angeln verbringen und die dann abends mit einem großem Grillfest beendet werden. Auf der Bildseite 98 hält Dennis unseren Leib- und Magenfisch in die Kamera, einen Walleye, im deutschsprachigen Raum bekannt als Glutauge.

Viel zu schnell vergeht die Zeit, ohne Fernseher und Telefon, und nach ein paar Tagen werden wir dann auch wieder pünktlich mit dem Wasserflugzeug in die Zivilisation zurückgebracht. Über den Highway 17, der Nordroute des Trans Canada Highway, fahren wir zurück nach Thunder Bay. Bei Nipigon teilt sich dann wieder der Highway. Da wir eine Verabredung in Cochrane haben, fahren wir weiter auf der Nordroute, die jetzt mit der Bezeichnung Highway 11 nach Südosten verläuft. Nach einer langen Fahrt kommen wir erst sehr spät abends in Cochrane an, dem Ausgangspunkt des berühmten Polar Bear Express. Zum Übernachten müssen wir aber nochmals 85 Kilometer weiter nach Timmins fahren, denn hier wartet das Venture Inn auf uns. Wir fühlen uns sehr wohl in dem neugebauten Hotel am Riverside Drive und wären gern noch eine Nacht länger geblieben. Doch die nächsten Tage sind alle schon fest verplant. Als erstes wollen wir hier die sehenswerte Hollinger Gold Mine besichtigen und das hat auch seinen guten Grund, denn einst war der Ort der größte Goldproduzent der westlichen Hemisphäre. Nach dem 1960 die Goldvorkommen versiegten, hat jetzt die Förderung von Zink und Silber Timmins wieder ins Gespräch gebracht. Timmins mit seinen knapp 50000 Einwohnern ist Kanadas flächenmäßig größte Stadt (3210 Quadratkilometer) und die Heimatstadt von der Sängerin Shania Twain. Was, mit dem Namen können Sie nichts anfangen? Dann sind Sie garantiert kein Country Musik Fan, denn sie ist seit einigen Jahren eine der erfolgreichsten Country Musik Stars von Kanada. Gerade als wir in der Stadt sind, hatte sie sich für einen Besuch angekündigt und jetzt steht ganz Timmins Kopf, sogar die Hauptstraße, der Schuhmacher Drive, wurde wegen ihr umbenannt. Doch wir müssen zurück nach Cochrane. Am nächsten Morgen wollen wir mit dem Touristenzug zur James Bay nach Moosonee fahren. Wie mir Diane Helinski von Tourism Ontario vorschwärmte, wäre dies ein einmaliges Erlebnis. Um 8:30 Uhr ruft der Schaffner: „All Aboard for a Journey Down North" und unser Abenteuer beginnt. Doch dann warten 297 lange und aussichtslose Kilometer vor uns. Die Vier-Stunden-Fahrt führt hinter der einzigen Haltestelle Fraserdale durch ein Gebiet, das ausschließlich von der Bahn erschlossen ist. Die meiste Zeit fahren wir im 80-km/h-Tempo durch einen dichten Wald, der sich erst sehr spät in der Tundra lichtet. Viele der Fahrgäste fahren nach einem vierstündigen Aufenthalt in Moosonee wieder zurück nach Cochrane. Wir haben aber ein Zimmer in der einfachen Polar Bear Lodge gebucht, denn wir möchten die Zeit nutzen, um Eisbären zu beobachten. Doch weit gefehlt, der Zug heißt zwar Polar Bear Express, doch um Bären zu sehen, müßten wir nochmals 530 Kilometer weit mit dem Buschflugzeug in den Polar Bear Provincial Park fliegen. Ein nicht gerade preiswertes Vergnügen, das zudem auch noch viel Zeit kostet und auch eine besondere Erlaubnis müßte eingeholt werden. Nur gut, daß wir schon Eisbären aus nächster Nähe an der Hudson Bay bei Churchill in Manitoba erlebt haben. Dieses Abenteuer habe ich u. a. sehr eingehend in meinem Buch KANADA – Manitoba beschrieben. Etwas enttäuscht verlassen wir am andern Tag die beiden Indianersiedlungen Moosonee und Moose Factory, wo schon 1673 die Hudson's Bay Company einen Handelsposten aufgebaut hatte.

Doch das nächste Abenteuer wartet schon auf uns. Direkt vom Bahnhof der Ontario Northland Rail werden wir von Rick Chartier, einem „Canoe Outfitter" abgeholt, der uns für einige Tage in einem Voyageur-Kanu mitnehmen will. Der französische Begriff „Le Voyageur" heißt übersetzt der Reisende und besonders in Kanada ist er Synonym geworden für eben jene Berufspaddler, die vor allem im 17. Jahrhundert Geschichte schrieben. Sie verkörpern eine heroische franko-kanadische Epoche, denn sie waren es, die aus dem Slogan im kanadischen Staatswappen „a mari usque ad mare" – „vom Meer zum Meer" ein Faktum machten. In unserem Jahrhundert waren die Voyageure zeitweilig in Vergessenheit geraten, doch Veranstalter wie Rick Chartier von „Coureur de Bois Adventures" lassen uns wieder zurückerinnern. Und mit ihm sind wir in einem acht Meter langen Last-Kanu auf dem Abitibi River, ein Fluß, der schon zu den Zeiten der Pelzhändler als Wasserstraße genutzt wurde, unterwegs. Mit dabei ist auch sein drei Jahre älterer Bruder Mick, seine Frau Elaine und Tim McDonagh (Bildseite 92), der Vorsitzender der „James Bay Canoeing Association" ist. Sein Bruder Mick (Bildseite 93, links) ist auch ein bekannter Künstler der Region, der seit über sechs Jahren Schnitzereien aus Elchgeweihen kunstvoll anfertigt. Für seine „Carvings" braucht er sogar besondere Erlaubnis, denn es ist in Kanada nicht erlaubt für kommerzielle Zwecke Elchgeweihe zu sammeln. Viel zu schnell vergeht die Zeit mit unseren Voyageuren. Wir haben gelernt, wie man ein großes Kanu steuert und wie es ist, mit einer Gruppe auf den Highways vergangener Jahrhunderte unterwegs zu sein. Für uns war es eine gute Übung, denn unsere nächste Station ist der Algonquin Park, wo wir auch wieder mit dem Kanu, diesmal aber allein, in die „Wildnis" abtauchen wollen.

Seite 106:
Nach 20 Jahren Kanada haben wir schon ein Gespür dafür entwickelt, wann ein Schwarzbär angreifen würde. Trotzdem ist bei dem umseitigen Foto äußerste Vorsicht geboten und zur Nachahmung keinesfalls zu empfehlen.
Leica R6

Seite 107:
Eine der einfachsten und bequemsten Möglichkeiten Elche zu beobachten, der Highway 60 im Algonquin Provincial Park.
Leica R6

Seite 108/ 109:
Normalerweise ist der Ottawa River ein betulicher Fluß, doch zwischen Pembroke und Ottawa, unmittelbar an der Grenze zur Provinz Quebec, wird er bei einem 12 Kilometer langen Canyon zur Herausforderung für Bootsfahrer. Sechs Stromschnellen sind in diesem Teilstück zu überwinden. Helm und Schwimmweste sind bei diesem abenteuerlichen Ausflug Pflicht.
Nikon F4

MOOSE
CROSSING
AREA
HAZARD ZONE NEXT 60 km

Der Algonquin Park

„Ihr werdet garantiert einen Elch sehen, ihr braucht nur den Waldrand entlang des Highway 60 zu beobachten“, verspricht uns verheißungsvoll John Bullock von der Deerhurst Lodge. „Schaut mich nicht so ungläubig an“, beschwert er sich. „Ich fahre jeden Abend dort entlang und fast immer sehe ich die ‚Moose‘.“ Da die Sonne schon hinter den Bäumen verschwunden ist, entschließen wir uns sofort loszufahren. John, der Media-Manager der Deerhurst Lodge, wo wir in den kommenden Nächten wohnen werden, ruft uns noch nach: „Morgen früh beim Frühstück möchte ich nur positives von euch hören!“ Nur wenige Kilometer weit müssen wir fahren, dann stehen wir am Eingang des 7725 Quadratkilometer großen Algonquin Provincial Park. Dem zweitgrößten und ältesten Wildnispark der Provinz Ontario, der 1893 kurioserweise durch den Holzabbau entstanden ist. Als während der napoleonischen Kriege die Waldbestände Nordeuropas durch den Bau von Schiffen gelichtet wurden, entdeckten die Briten die schlanken Weißkiefern des Algonquin Hochlandes. Die Holzwirtschaft boomte, aber auch Siedler drangen in die Region der Holzbarone, die rund 3½ Autostunden von Toronto entfernt liegt. Zum Selbstzweck erwirkten die reichen Industriemagnate, daß ihr Holzeinschlaggebiet zum Schutze der Natur ins Leben gerufen wurde, es sollte natürlich in erster Linie ihnen zugute kommen. Damals standen hier „White Pines“, die so hoch und mächtig wie Kathedralen waren. Um das wertvolle Holz abtransportieren zu können, ließ der Holzbaron James R. Booth eigens eine Bahnstrecke von der Georgian Bay in eine kleine Siedlung am Ottawa River bauen, aus der sich die spätere Regierungshauptstadt von Kanada entwickelte. Wir müssen uns beeilen, denn das Licht zum Fotografieren wird immer schlechter. Am westlichen Parkeingang, dem Westgate, halten wir an und fragen im Info-Center nach dem Eintrittsgeld. Völlig untypisch für den kanadischen Service, antwortet mir eine junge Dame im barschen Ton: „8 Dollar pro Tag.“ Da es aber weit nach 18 Uhr ist, frage ich, ob die Gebühr auch noch für die restlichen Stunden des heutigen Tages fällig sei. Das würde keine Rolle spielen, pro Tag würde halt pro Tag heißen. Während dieser Diskussion hatte ich mich einem Ständer zugewandt, der Faltblätter über den Park enthielt. Mit der Bemerkung: „Die Kosten auch Geld“, setzte sie ihren barschen Ton fort. Ausgestattet mit einer „Permit“ fahren wir dann endlich auf dem berühmten Algonquin-Corridor, der seit 1936 auf einer Länge von 59 Kilometern den südlichen Zipfel des Parks berührt. Viele Fahrzeuge sind trotz der vorgerückten Stunde auf der zweispurigen Asphaltstraße unterwegs. Beim Tea Lake Campground passiert es dann, wie bestellt steht er da: ein Elch in voller Größe. Genauer gesagt, eine Elchkuh, denn um diese Jahreszeit hat jeder Elch schon sein ausgewachsenes Geweih, die Kühe dagegen sind von dieser Last, die sogar bis zu 38 Kilogramm schwer werden kann, befreit. Wir sind nicht die Einzigsten, die am Straßenrand anhalten. Vor uns parkt eine lange Reihe von Autos. Alle Insassen haben ihr Fahrzeug verlassen und gehen auf Tuchfühlung mit der Elchkuh. Doch die läßt sich von den Menschen nicht beirren. Ohne Hast stakst sie sich durch den Straßengraben und knabbert dabei an ver-

ONTARIO

schiedenen Pflanzen (siehe auch Bildseite 107). Als wüßten es die wilden Waldbewohner Kanadas, daß sie in den Parks nicht bejagt werden. Hätten wir außerhalb des Parks diese Elchkuh so nahe erlebt, dann wäre sie garantiert schon längst im Busch verschwunden. „Normalerweise“, so erklärt mir ein dabeistehender Parkranger, „sieht man sie viel besser im Mai und im Juni, wenn sie das Salz, das im Winter die Straßen freihielt, ablecken. Doch diese Elchkuh liebt halt den bequemen Weg, denn das Dickicht ist hier, auch für Elche, teilweise undurchdringlich“. Da es mittlerweile schon dunkel geworden ist, beschließen wir zum Deerhurst Resort zurückzufahren. Für uns Tierbeobachter ist eigentlich diese Ferienanlage nicht so gut geeignet, dazu müßten wir innerhalb des Parks bei den Kates in der Arrowhon Pine Lodge oder in den Blockhäusern der Killarney Lodge übernachten. Doch diese Hotelanlage der Canadian Pacific Hotelkette, die schon in den zwanziger Jahren luxuriöse Übernachtungsmöglichkeiten anbot, ist für uns genau das Richtige, um nach einer langen Reise durch den Norden komfortabel zu entspannen.

Am nächsten Morgen müssen wir natürlich John von unserem erfolgreichen Ausflug berichten. „Ich habe euch eine Karte des Parks mitgebracht. Die schönsten ‚Hiking Trails‘ habe ich markiert, die solltet ihr euch einmal näher ansehen. Anfangen solltet ihr mit dem ‚Lookout Trail‘, der bietet den besten Überblick.“

Da jetzt im August Hauptsaison ist, verwundert es uns nicht, daß wir auf der Fahrt dorthin an allen Campingplätzen das Schild „no vacancy“ (besetzt) sehen. Auch der Parkplatz an dem naturkundlichen Wanderweg ist gut besetzt, so daß wir gerade noch einen freien Platz finden. Zuerst geht es durch einen offenen Wald, der mit riesigen urzeitlichen Steinen durchsetzt ist. Im letzten Teilstück, nach knapp einem Kilometer, erklimmen wir ein steilabfallendes Kliff, von dem wir einen spektakulären Ausblick über die dichtbewachsene Landschaft haben. Ein Faltblatt erklärt, daß hier vor Millionen von Jahren ein hoher Gebirgszug gewesen sein muß, der im Laufe der Jahrtausende abgeschliffen wurde, erodierte und jetzt nur noch ein paar 100 Meter hoch ist. Gut erkennen wir rechts den Little Rock Lake und den 25 Kilometer weit entfernten Lake of Two Rivers. Die Bildseiten 102/103 entstanden an diesem Aussichtspunkt. Bei Kilometer 45 wartet aber ein noch landschaftlich schöner Naturpfad auf uns. Es ist der zwei Kilometer lange Beaver Pond Trail, der als einer der reizvollsten des Trailsystems gilt, das immerhin 14 markierte Wanderwege umfaßt. Zwei größere Teiche sind hier das Highlight des Pfades, an dem Biber wohnen sollen. Obwohl wir hier in den frühen Abendstunden, also zur besten Beobachtungszeit unterwegs sind, sehen wir noch nicht einmal die Nasenspitze dieser Nager, die mit ihren Vorderzähnen gestandene Bäume fällen können. Unsere Ausbeute beschränkt sich auf eine Wasserschildkröte und auf einen Kranich. Aufgrund ihrer wertvollen Felle waren die Biber im letzten Jahrhundert fast ausgerottet. Und sogar noch von 1909 bis 1920 wurden hier im Algonquin Park auf Anweisung des damaligen Parkverwalters, George Bartlett, noch Biber gefangen. Mit dem Verkaufserlös wurde damals ein Teil der Instandhaltungskosten bestritten. In die-

Seiten 112/113:
Eine der besten Möglichkeiten die Hauptstadt Ottawa zu fotografieren, ist der Panoramablick über die Alexandra Brücke, die den Ottawa River überspannt.
FUJI Panorama-Kamera

Seiten 114/116:
Die größte Touristenattraktion Ottawas ist die morgendliche Wachablösung am Parlamentsgebäude. Dieses farbenfrohe Schauspiel, das täglich um Punkt 10 Uhr beginnt, ist allerdings nur im Juli und im August zu sehen.

Seite 118:
Einen interessanten Ausblick hat man von der Provinz Quebec über den Ottawa River hinweg nach Ontario zur Regierungshauptstadt. Das Foto auf der folgenden Seite zeigt im Vordergrund ein Steinmonument, das auf dem Gelände des Canadian Museum of Civilization steht, mit dem Parlamentsgebäude von Ottawa im Hintergrund.
Leica R6

Seite 119:
Das schloßähnliche Hotel Chateau Laurier ist eines der Wahrzeichen von Ottawa und die erste Adresse, um feudal zu übernachten.
Leica R6

ser Zeit wurden auch viele Biber lebend gefangen, die dann weltweit an Zoos abgegeben wurden. Heutzutage werden immer noch einige Biber gefangen, hauptsächlich von den Indianern der Golden Lake Indian Band, die seit 1958 die Erlaubnis dafür haben. Die Population im Park ist sehr schwankend, man schätzt, daß zur Zeit rund 4500 Biberkolonien die Bäche und Seen bevölkern. Beim Lookout Point, kurz vor dem Ende des Trails, haben wir dann noch eine eindrucksvolle Aussicht auf den Bibersee, der uns sogar ein Foto (Bildseiten 6/7) wert ist. Wer an diesem Wanderweg nur das Aussichtsfoto machen möchte, der folgt nicht dem Hinweis, wie man den Pfad ablaufen soll, der geht einfach nach rechts und schon ist man in drei Minuten am „View Point“.
Ein sehr populärer Pfad ist der Spruce Bog Boardwalk, ein leichter Fußweg, der immer in Sichtweite der Straße einen guten Einblick in die Flora und Fauna eines kanadischen Sumpfgebietes gibt. Er ist ebenfalls fast zwei Kilometer lang und führt zum Teil über befestigte Holzpfade und über einen Teppich aus Moos. Doch um die gewaltige Wildnis des Hinterlandes zu entdecken, dazu Bedarf es eines Kanus, denn der Algonquin ist Kanu-Revier. Über 1600 Kilometer lange Wasserwege durchziehen den Park, wo man bei 29 Punkten das Kanu einsetzen kann. Während des Sommers ist eine Quotenregelung aktiv, die den Strom der Paddler lenkt, damit die Natur nicht überbeansprucht wird. Bei den Outfittern, deren es drei im Park gibt, kann man alles erforderliche mieten. Bei Algonquin Outfitters am Oxtongue Lake, beim Opeongo Store am Opeongo Lake stehen 300 Kanus und am Canoe Lake beim Portage Store stehen sogar 500 Leihkanus zur Verfügung. Für den Anfänger werden hier geführte Ein-Tages-Touren zum Preis von 36 Dollar angeboten, die sehr hilfreich und informativ sein können. Eine sehr empfehlenswerte Kanu-Karte wurde übrigens von den „Friends of Algonquin Park“ mit dem Titel „Canoe Routes“ in 1996 neu aufgelegt. Im Maßstab 1:126.000 sind hier alle Routen deutlich in lila gekennzeichnet und außerdem findet man auf der Rückseite noch viel Wissenswertes über den Park.
Gegenüber des Spruce Board Walk befindet sich das 1993 fertiggestellte Visitor Centre, das auch zum Programm eines jeden Besuchers gehören sollte. In dem modern gestalteten Besucherzentrum befindet sich eine Cafeteria mit angrenzender Aussichtsterrasse, verschiedene Dioramen, die das Tierleben in und über den Seen darstellen, eine Diapräsentation über die Vergangenheit des Parks und ein Buchladen, der jeden zufriedenstellt. Interessant ist auch das „Logging Museum“ am Osteingang des Parks. Neben einem Blockhaus sind hier verschiedene Relikte aus der Holzfäller-Ära ausgestellt. Für den eiligen Parkbesucher gibt es noch die Möglichkeit, die „Algonquin Daytrippers“ unter der Rufnummer (705) 767 - 3263 zu kontaktieren. Das sind geführte Kombinationstouren, die Tageswanderungen mit dem Auto einschließen, bei einer Nachttour kann man sogar mit den Wölfen heulen. Da die „Park Naturalists“ einige Tiere mit Sendern markiert haben und sie immer Wissen wo sich die Rudel gerade aufhalten, soll die Chance Wölfe heulen zu hören, sehr gut sein.

Die Regierungshauptstadt Ottawa

Über das East Gate, dem östlichen Zugang des Algonquin Provincial Park, verlassen wir die geschützte Wildnis und fahren auf dem Highway 60 nach Osten. Unser nächstes Ziel ist Pembroke, ein kleiner Ort mit rund 15 000 Einwohnern, der unmittelbar an der Provinzgrenze zu Quebec liegt. Auf der Fahrt dorthin sind wir sehr erstaunt, wie einsam es auf den letzten 200 Kilometern ist, denn nur wenige Fahrzeuge begegnen uns. Des öfteren fragt mich meine Frau: „Sind wir hier überhaupt noch richtig?“ Jedesmal kann ich sie beruhigen, denn es führt nur eine Straße vom Algonquin nach Pembroke. Beim Erreichen des Ortes regnet es wie aus Kübeln, auch hier ist kaum jemand auf der Straße. Obwohl dieser Ort, der erste von ganz Kanada war, der mit elektrischem Licht die Straßen ausleuchtete, kommt mir alles sehr dunkel vor. Selbst die vielen Wandmalereien können das Straßenbild nicht aufhellen. Hinzu kommt noch, daß ich auf meinem Stadtplan unser Hotel nicht finden kann. Erst nach einer Rückfrage erfahre ich, daß das Best Western Hotel am Ortsrand liegt und auf den Karten nicht verzeichnet wäre. Ein riesiger Swimmingpool erwartet uns, doch leider können wir ihn nicht nutzen, denn er wird gerade überholt.

Am nächsten Morgen fahren wir schon frühzeitig nach Ottawa, der Regierungshauptstadt von Kanada. Von früheren Besuchen wissen wir, es gibt in der Stadt am Ottawa River so viel museales zu sehen, daß meistens die eingeplante Zeit nicht ausreicht. Diesmal haben wir einen idealen Ausgangspunkt für unsere Exkursionen gewählt, wir wohnen unmittelbar neben dem Parlamentshügel, dem Mittelpunkt von Ottawa. Wohnen, wäre aber untertrieben, denn wir sind im exklusiven Hotel Chateau Laurier untergebracht, dem erstem Haus am Platz. Dieses schloßähnliche Gebäude mit dem Grünspandach wurde gebaut, als die Eisenbahn (Grand Trunk Railroad) 1912 nach Ottawa kam. Nach dem Konkurs der Eisenbahngesellschaft ging es in den Besitz der Canadian National Railroad über, 1988 wurde es dann an die Canadian Pacific Hotelkette verkauft, die mit einem Multi-Millionen-Dollar Renovierungsprogramm bis 1993 das Hotel von Grund auf erneuerte. Das schöne alte Grünspandach wurde aber nicht angetastet, ganz im Gegensatz hierzu, wurde im letzten Jahr nebenan das grüne Dach des Parlamentsgebäudes vollkommen erneuert. Von dem alten Dach will man übrigens kleine „Pins“ (Anstecknadeln) prägen, die dann sogar noch einen Gewinn von vier Millionen Dollar einbringen sollen. Na ja, auf diese Pins bin ich gespannt. Seit diesem Jahr werden nun Kanadas Abgeordnete durch ein neues glänzendes Kupferdach behütet. Und damit stehen wir schon auf dem politisch wichtigsten Hügel von Kanada, dem Parliament Hill. Die von Londons Westminster Abbey inspirierten Parliament Buildings bestehen aus drei Gebäuden, dem East und West Block, wo sich die Regierungsgebäude befinden und im mittleren Block ist der Senat und das House of Commons untergebracht. Für 60 Cents pro Tag wurden damals die Arbeiter angeheuert, die 1860 mit dem Bau des Parlamentsgebäudes begannen. Die Mauern bestehen aus Sandstein, der nicht weit von hier, bei Nepean gebrochen wurde. Das Gestein ist sehr mineralhaltig und porös und reagiert mit dem Zusammentreffen von Luft. Früher war es noch bei-

ONTARIO

gefarben, über die Jahre hindurch hat es dann die heutige dunkle, fast schwarze Farbe angenommen. Begonnen hatte das alles, als die Königin nach einigen Jahren der Unentschlossenheit das kleine Holzfällerdorf Ottawa als Hauptstadt von Upper- und Lower Canada auswählte.

Als erster Europäer, so berichtet die Geschichte, war 1613 Samuel de Champlain, der Urvater der weißen Besiedelung Kanadas, am steilen Ufer des Ottawa River gelandet. Erst zwei Jahrhunderte später gründete an dieser Stelle ein gewisser Mr.Wright einen Posten für den Holzhandel, der die White Pines aus dem Algonquin Park verarbeitete. Ausschlaggebend für die eigentliche Stadtgründung war allerdings 1826 der Bau des Rideau-Kanals. Mit ihm wollten die Briten im Kriegsfall die Versorgung der Posten Fort Erie, Fort George und Fort York (das heutige Toronto) sicherstellen, falls die US-Amerikaner den St.-Lorenz-Strom blockierten. Nicht sehr wohlwollend wurde seiner Zeit die Entscheidung von Königin Victoria aufgenommen, viele sprachen von der Hauptstadt in der Wildnis oder von einem subarktischen Dorf. Noch heute gibt es viele Stimmen, die von einer kleinstädtischen Hauptstadt sprechen. Auf jeden Fall war es damals eine weise königliche Entscheidung, denn die Hauptstadt des „Dominion of Canada“ lag in sicherer Entfernung der amerikanischen Kanonen und zugleich an der politisch neutralen Grenze zwischen dem anglo- und dem frankophonen Kanada. Am 3. Februar 1916 kam dann das Unheil über den neugotischen Bau des Parlamentsgebäudes, es wurde durch einen Großbrand weitgehend zerstört. Übrig blieb bloß der mächtige Rundbau der Parlamentsbibliothek. Beim Wiederaufbau fügte man 1927 den 92 Meter hohen „Peace Tower“ (kostenlose Besichtigungen, im Sommer sogar von 9 bis 20.30 Uhr) hinzu, ein Turm, der an die Gefallenen des Ersten Weltkrieges erinnern soll und in dem 53 Glocken untergebracht sind. Wenn das Parlament tagt, leuchtet ganz oben an der Spitze, dort wo die riesige Kanadafahne weht, ein weißes Licht. Ganz nach dem britischen Vorbild sitzen auch hier sich Regierung und Opposition gegenüber, angeführt von einem Speaker, der von einem alten englischen Eichenstuhl heraus die Sitzungen des Unterhauses leitet. Oft können Besucher dieser manchmal sehr turbulenten Sitzungen beiwohnen. In einem Informationsblatt der „National Capital Commission“, der offiziellen Touristinformation, kann man sogar nachlesen, daß diese Debatten die beste und unterhaltsamste Show der Stadt wäre.

Bei dieser außerordentlich hilfreichen Touristinformation, die genau gegenüber dem Parlamentsgebäude in der Wellington Street zu finden ist, ist auch ein kostenloses „Self-Guiding Booklet“ erhältlich mit dem Titel: „Discover the Hill“, das eine Tour über das Gelände des Parlamentsgebäudes sehr gut beschreibt.

Doch das interessanteste am Parlamentshügel ist die farbenfrohe Wachablösung der „Governor General's Foot Guard“, die zusammen mit den „Grenadier Guards“ jeden Morgen im Juli und August um Punkt 10 Uhr aufmarschiert. Das fast einstündige Ritual der „Changing of the Guard“ wird begleitet von einer schwungvollen Marschmusik. Erstaunt sind wir besonders über die Musikstücke der Militärkapelle, denn seit unserem ersten Besuch vor 20 Jahren haben sie bis heute die Titel nicht gewechselt. Ebenfalls auf der Wiese vor dem Gebäude findet seit ein paar Jahren eine „Sound and Lightshow“ statt. Nach Einbruch der Dunkelheit, werden von einem gegenüberliegenden Haus in der Wellington Street, überdimensionale Dias an die Wand des Parlamentsgebäudes projiziert, sie berichten über die Vergangenheit Kanadas. Untermalt wird diese lebendige Show mit Kommentaren und Musik. Diese Präsentation, die immer im Sommer jeden Abend aufgeführt wird, ist der ganze Stolz der Einwohner von Ottawa. Fast jeden Tag werden wir auf dieses Lichtspektakel angesprochen, immer fragt man uns, ob wir schon die Show gesehen hätten. Ich weiß auch nicht, ob meine Ansprüche in dieser Hinsicht zu hoch sind, mir hat sie jedenfalls nicht gefallen. Besonders von dem Zeitpunkt an, wo ich wußte, daß dieses Spektakel alljährlich 2,5 Millionen Dollar kostet.

Zwischen dem Parlament und unserem Hotel mündet der Rideau Canal in den Ottawa River. Diese Wasserstraße, die 1826 von Colonel By und 4000 Arbeitern mit Hacke und Schaufel gegraben wurde, zieht sich bis hinunter nach Kingston zum Lake Ontario. Heute ist der Kanal ein beliebtes Bootsrevier für Freizeitkapitäne und speziell im Winter mit acht Kilometern die längste Schlittschuhbahn der Welt. Acht Schleusen gleichen den Höhenunterschied von 25 Metern zum Ottawa River aus und noch heute werden sie per Hand betrieben. Nach dem Colonel wurde auch der Byward Market benannt, ein aus dem Jahre 1927 renoviertes Marktgebäude bildet hier zwischen Rideau- und Sussex Street, den Mittelpunkt eines sehr regen Marktgeschehens. Am Tage kann man hier landwirtschaftliche Produkte, die frisch von den Farmen aus der Umgebung angeliefert werden, zu günstigen Preisen kaufen. Doch ganz im Gegensatz zu einem deutschen Reiseführer, der schrieb, daß abends hier nichts mehr los sei, wurden wir eines Besseren belehrt. Denn hier geht von Sonnenuntergang bis Mitternacht die Post ab. Nicht nur wegen des Hard Rock Cafés, wir sehen hier viele sogenannte Rocker, die mit ihren schweren und lauten Maschinen umherfahren. Doch auch die Polizei zeigt Flagge. Wer zu laut ist oder den Eindruck erweckt, er könnte nicht mehr gerade laufen, wird sofort einkassiert. Hier befinden sich auch die besten Restaurants und Bars der Stadt. Oft beenden wir den Tag mit einem Besuch des Marktes, denn der liegt nur fünf Minuten Fußweg vom Hotel Chateau Laurier entfernt.

Ebenfalls in der nächsten Umgebung des Hotels befindet sich das neue Wahrzeichen der Stadt, die gläsernen Kuppeln der „National Art Gallery of Canada“. Diese für Kanada wichtigste Kunsthalle wurde 1988 eröffnet und bietet mit seinen über 40 000 Kunstwerken, inklusive der 25 000 Gemälde, einen Überblick über das Kunstschaffen des großen Landes. Auf verschiedenen Ebenen kann man nicht nur kanadische Kunstwerke bewundern, hier sind sogar die Werke von Rubens und Rembrandt vertreten. In der Ruhezone des Innenhofes gehört die wiederaufgebaute neugotische Kirche „Rideau Street Chapel“ zu einem der Höhepunkte in diesem architektonischen Meisterwerk.

Besonders der Museumsliebhaber kommt bei über 25 Museen in Ottawa voll auf

Seiten 122/123:
Alljährlich reist die berittene kanadische Polizei mit der Show „RCMP Musical Ride“ durch die Provinzen Kanadas. Hierbei wird das perfekte Zusammenspiel zwischen Pferd und Reiter in höchster Vollendung demonstriert. Fotografiert auf dem Exerzierplatz von Discovery Harbour.
FUJI Panorama-Kamera

Seiten 126/127:
Die Schleuse bei Smith Falls ist eine von 45 „Locks", die am 200 Kilometer langen Rideau Canal zwischen Kingston und Ottawa den Wasserstand regulieren. Erbaut 1832 als alternative Route für den Kriegsfall, heute ein Paradies für Freizeitkapitäne.
Nikon F4

seine Kosten. Doch das interessanteste und größte Museum befindet sich genau gesehen gar nicht in der Hauptstadt, es liegt auf der anderen Uferseite des Ottawa River in der franko-kanadischen Stadt Hull. Um das „Musèe Canadien des Civilisations" (Canadian Museum of Civilization) zu besuchen, brauchen wir nur über die gerade renovierte Alexandra-Brücke zu gehen und schon liegt es linker Hand vor uns. Von der Brücke aus haben wir auch einen ersten Eindruck auf die helle eigenwillige Bauform, die mit einer geschwungenen Linienführung die Landschaft des Nordens symbolisieren soll. Vor zehn Jahren wurde das fast ein Quadratkilometer große Völkerkundemuseum eröffnet, es wurde von Douglas Cardinal, einem indianischen Architekten entworfen und stellt im besonderen die Besiedelung Kanadas von den Ureinwohnern, über die Präsenz der Europäer bis zu den heutigen Emigranten dar. Schon beim Betreten der großen Halle wird man mit dem großen Schwerpunkt des Museums konfrontiert, der Kultur der Nordwestküsten-Indianer. Totempfähle, ein traditionelles Langhaus, das Rauschen der Brandung und Schreie von Raben, die eingespielt werden, führen uns in die Welt dieser sehr künstlerisch aktiven Stämme. Die ganze Aufmerksamkeit der vielen Zuschauer zieht aber ein junger Indianer auf sich. In der Tracht eines Haida-Indianers steht er vor uns und erzählt als „Storyteller" von den alten Riten seines Volkes. Im ersten Stock, wo die Geschichte Kanadas erzählt wird, empfinde ich es als etwas störend, daß viele Exponate in einem relativ dunklen Umfeld stehen, als wäre die Vergangenheit von Kanada düster und dunkel gewesen. Wer sich schon vorab über das Museum informieren möchte, der sollte unbedingt im Internet nachschauen. Die „Homepage" des Museums ist eine der größten und informativsten, die ich jemals auf diesem Gebiet gesehen habe. Die Adresse ist im Anhang dieses Bild-Text-Bandes zu finden. Ebenso informativ, wie ich schon zuvor erwähnte, ist die Touristinformation gegenüber dem Parlamentsgebäude, hier findet der Besucher auch alles Wissenswerte über die restlichen Museen der Stadt. Deshalb möchte ich aus Platzgründen auf eine Beschreibung der einzelnen Museen und Sehenswürdigkeiten verzichten.

Wer zur Hauptstadt per Flugzeug kommt, der wird auf dem südlich gelegenen „International Airport" landen. Die 25minütige Fahrt kostet mit dem halbstündlich fahrenden „Airport Bus" 9 Dollar, eine Fahrt mit dem Taxi rund 20 Dollar. Zuginformationen bekommt man unter der Telefonnummer (613) 244-8289 und die Auskunft der Innenstadtbusse (OC Transpo) ist über (613) 741-4390 zu erreichen.

Da wir gerade in der Hauptstadt Kanadas sind, hier noch die Anschriften der wichtigsten Botschaften: Deutsche Botschaft, 275 Slater Street, Tel.: 232-1101, Fax: 594-9330, Österreichische Botschaft, 445 Wilbrod Street, Tel.: 789-1444, Fax: 789-3431, Schweizer Botschaft, 5 Ave. Marlborough, Tel.: 235-1837, Fax: 563-1394. Den örtlichen „up-to-date" Wetterbericht gibt es über die Hotline (613) 998-3439. Diesen Service brauchten wir während unseres Aufenthaltes jedoch nie in Anspruch zu nehmen, wir hatten im August immer nur Sonnenschein.

Der Osten

Viel zu schnell vergeht für uns die Zeit in Ottawa, der Regierungshauptstadt von Kanada. Wir haben noch lange nicht alle wichtigen Museen und Sehenswürdigkeiten gesehen, doch wir müssen weiter, um den Osten Ontarios kennenzulernen. Wir sind gespannt auf die Region zwischen dem St.-Lorenz-Strom und dem Algonquin Park, denn gerade hier im „Upper Canada“ hat sich noch viel historisches aus der Zeit der Besiedelung bis heute bewahren können.
Als erstes wollen wir am Rideau Canal entlangfahren, dem großen Anziehungspunkt für Nordamerikas Freizeitkapitäne. Wie ich schon im vorhergehenden Kapitel erwähnte, wurde dieser Kanal aus militärischen Gründen gebaut. Damals hatte man noch keinen Sinn für die 202 Kilometer lange Wasserstraße als Freizeitrevier. Nach dem zweijährigen britisch-amerikanischen Krieg von 1812 fürchteten die Briten einen weiteren Angriff ihrer südlichen Nachbarn. Nach sechs Jahren wurde die Verbindung zwischen Ottawa und Kingston 1832 dann endlich fertiggestellt. Mittlerweile hatten sich die Briten am St.-Lorenz-Strom behauptet und es kam nicht zu erwarteten kriegerischen Handlungen. Den Nutzen hatte schließlich der regionale Handel, der bis zum Bau der Eisenbahn gegen 1850 davon profitierte. Der übliche Weg eines Freizeitkapitäns beginnt in der Regel bei Kingston am Lake Ontario. Bis zum ersten Drittel der Wasserstraße bei Newboro, heben 14 Schleusen die Boote auf ein Niveau von 50 Meter an, danach müssen noch 31 Schleusen bewältigt werden, um schließlich bei der Regierungshauptstadt den Ottawa River zu erreichen. Die Verwaltung und der Betrieb des durch Flußläufe und Seen verbundenen Kanals wird von den Angestellten von Parks Canada durchgeführt, deren Muskelkraft bei 24 „locks“ besonders gefragt ist, die hier noch die alten hölzernen Tore über eine Winde bedienen müssen.
Nach 60 Kilometern Fahrt gelangen wir über den Highway 43 nach Merrickville, eine kleiner Ort der 1793 von dem Müller William Merrick gegründet wurde. Man hatte uns gesagt, daß die Schleusenanlagen hier noch per Hand betrieben werden und daß der Ort einen ganz besonderen Charme hätte. Unsere Reisekoordinatorin, Frau Diane Helinski von Tourism Ontario, empfahl uns als Übernachtung Sam Jakes Country Inn, es würde nur einen Steinwurf von den Schleusen entfernt liegen. Nach unserer Ankunft in Merrickville brauchen wir auch nicht lange suchen. Der historische Landgasthof von 1861 liegt direkt an der Hauptstraße, schon von außen sind wir von dem Steingebäude begeistert. Wir schauen aber nur kurz unser antikes Zimmer an, dann gehen wir sofort hinüber zu den Schleusen, wo gerade ein kleines Hausboot hineinfährt. In der braunen Uniform von Parks Canada öffnen gerade zwei junge Leute das vordere Schleusentor. Es muß eine schweißtreibende Arbeit sein, während die beiden Schleusenwärter unter stöhnen und fluchen die große Winde mit den Stahlketten bewegen. Über eine halbe Stunde dauert es dann, bis das Hausboot die Schleusenkammer verlassen kann. Für uns eine gute Möglichkeit, um sich mit dem Skipper über den Rideau Canal zu unterhalten. Es ist Bob, ein Regierungsangestellter aus Ottawa, der jetzt auf dem Rückweg vom St.-Lorenz-Strom ist, wo er bei den „Thousand Islands“ Urlaub gemacht hat-

ONTARIO

SMITHS FALLS

Ultra 302

te. Er erzählt mir, daß eine Woche unbeschränktes Schleusen auf dem Rideau Canal ihn 60 Dollar kostet. Gary Clarke, „der Innkeeper" von Sam Jakes, hatte uns zwar auf seine „Eastern Ontario Cuisine" aufmerksam gemacht, wir aber finden im Ort ein Restaurant, das uns auf Anhieb noch besser gefällt. Nur wenige Gehminuten von der Schleuse entfernt, liegt in der St. Lawrence Street der englische Pub „The Goose & Gridiron" (die Gans und der Bratrost). Ein Lokal, das mit unzähligen Biersorten zur Auswahl und einer üppigen Speisekarte keine Wünsche offen läßt. Ich entscheide mich für einen „Shepherds Pie", einem pikant gewürzten Hackbraten mit Kartoffelbrei. Es war eine gute Wahl, selten habe ich so gut die englische Küche genossen, wie hier in Merrickville. Auf der anderen Uferseite befindet sich noch ein historischer Höhepunkt des 1000 Einwohner zählenden Ortes, die „Village Metalsmiths", Kanadas älteste noch tätige Gießerei. Unsere nächste Station am Rideau Canal ist Smith Falls, hier ist auch die Verwaltung des Kanals und das „Rideau Canal Museum" zu finden. Das Foto auf den Bildseiten 126/127 zeigt die motorisch angetriebenen Schleusen, die unmittelbar an der Hauptstraße gelegen sind. Doch bevor wir jetzt nach Kingston, dem südlichen Startpunkt des Kanals weiterfahren, machen wir noch einen kleinen Umweg nach „Upper Canada Village", dem authentischsten Freilichtmuseum von Ontario, wo man sich inmitten von historischen Bauten ins Jahr 1860 zurückversetzt fühlt. Dieses Pionierdorf liegt in der Nähe des Ortes Morrisburg am St.-Lorenz-Strom, der auch vor über 40 Jahren der Auslöser für die Errichtung des Dorfes war. Bei der Schaffung und Verbreiterung des St.-Lorenz-Strom-Seeweges wurden aus dem tiefergelegenen Land die besten alten Häuser gerettet und am neuen Ufer des Stromes vereint und restauriert. Rund 100 Angestellte in historischen Trachten demonstrieren den zahlreichen Besuchern, wie man noch heute in einem lebendigen Museum sich teilweise selbst versorgen kann. Da gibt es S. J. Bellamy's Mühle, die das Mehl für die eigene Bäckerei liefert, in der Union Cheese Factory gibt es frischen Ziegenkäse und die Milch liefern die Kühe von Louck's Farm, die jeden Nachmittag um 16 Uhr gemolken werden. Über 40 Häuser stehen an teilweise mit Planken ausgelegten Wegen, auf denen man mit einem Ochsenkarren oder mit Pferdekutschen das Dorf erkunden kann.

Wenn wir jetzt nach Osten weiterfahren würden, wären wir schon in weniger als einer Stunde in der nächsten Provinz. Deshalb kehren wir wieder um, denn „Quebec", Kanadas größte Provinz wird das Thema eines Bild-Text-Bandes sein, der ebenfalls in dieser Reihe demnächst erscheinen wird. Wir sind auf dem Weg zu unserer letzten Station der Rundreise durch Ontario. Doch bevor wir Kingston, die ehemalige Hauptstadt von Lower und Upper Canada erreichen, passieren wir noch die Ferienregion der „Thousand Islands". Um etwas schneller voranzukommen, verlassen wir den am St.-Lorenz-Strom entlangführenden Highway 2 und fahren auf der Autobahn 401 nach Süden. Bei dem kleinen Ort Gananoque, dem Tor zu den weit über 1000 Inseln, kehren wieder zurück auf den zweispurigen Highway 2, der jetzt in den „Thousand Island Parkway" übergeht. Die Indianer nannten dieses Labyrinth aus Wasserstraßen, unzähligen kleinen und großen Inseln „Manitouana", „Garten des Großen Geistes". Doch die Indianer und ihr großer Geist sind hier schon lange nicht mehr zu finden, sie mußten den reichen Kanadiern und Amerikanern weichen, die sich hier luxuriöse Feriendomizile bauten. Die größte Attraktion in dieser Inselwelt ist das Boldt's Castle, ein Schloß mit vielen Türmen, das ein deutscher Millionär für seine Frau auf der kleinen Insel Heart Island errichten ließ. Doch bevor der Immigrant, der u. a. auch Inhaber des berühmten Waldorf-Astoria-Hotels war, das Werk vollenden konnte, starb seine Frau. Aus Kummer kam er nie wieder zu seinem Traumschloß zurück. Es wird behauptet, daß der Personalchef des Waldorf-Astoria zur Huldigung seines Chefs George C. Boldt, den Namen für die bekannte Salatsoße „Thousand Island" erfunden hat. Fast alle Bootstouren, die von Gananoque, Kingston und Rockport aus in die Inselwelt fahren, haben natürlich das Schloß im Ausflugsprogramm.

Nur 24 Kilometer weit müssen wir fahren, dann stehen wir vor dem imposanten Rathaus von Kingston, ein historisch gewachsener Ort, der wegen seiner strategischen Lage zwischen Toronto und Montreal schon sehr früh gegründet wurde. Einst eine Indianersiedlung, ab 1673 ein französischer Handelsposten, danach eine britische Festung und kurzzeitig auch einmal von 1841 bis 1843 Hauptstadt von Kanada. Aus dieser Zeit stammt auch der monumentale Bau des Rathauses (Bildseiten 130/131) an der Ontario Street, dessen prunkvolle Bauweise nicht so recht in das Stadtbild passen will. Geplant war es ja auch als Sitz des ersten kanadischen Parlaments, doch die Nähe zu den Vereinigten Staaten und die Entscheidung von Queen Victoria Ottawa als Hauptstadt auszuwählen, machte den Stadtvätern einen Strich durch die Rechnung und noch heute, wie vor 150 Jahren, ist die „City Hall" eine Nummer zu groß. Der Rideau Kanal, der von 1862–1832 gebaut wurde und hier anfängt, tat noch weiteres dazu, daß der Ort ein wichtiger Militär- und Handelsposten wurde. Doch außer der sehenswerten Innenstadt gibt es hier mit der Befestigungsanlage Fort Henry einen weiteren großen Touristenmagnet. Das 1836 fertiggestellte Bollwerk war damals die größte Zitadelle westlich von Quebec, die wegen der Lage als Vorposten am St.-Lorenz-Strom, die Angriffe der Amerikaner abwehren sollte. Doch es kam nie zu Kriegshandlungen. Seit 1936 donnern aber wieder die Kanonen oberhalb der Stadt. Old Fort Henry wurde naturgetreu restauriert und ist heute ein sehr lebendiges Museum britisch-kanadischer Militärgeschichte. Täglich von Mitte Mai bis zum ersten Wochenende im September führen hinter den imposanten Steinwällen junge Studenten den Drill des 19. Jahrhunderts vor.

Für uns wird es nun Zeit, daß wir wieder zu unserem Ausgangspunkt nach Toronto zurückkehren. Denn wir werden schon von den Sackmanns erwartet, die unser Auto nach Bremerhaven verschiffen wollen. Dort werden wir es dann umbauen lassen, um dann mit einem geruhsamen kanadischen Fahrzeug über die hektischen Straßen von Europa zu fahren.

Seiten 130/131:
Das prächtige Rathaus von Kingston sollte nach 1845 Sitz des kanadischen Parlaments werden, doch Königin Victoria entschied sich für Ottawa. Seit dieser Zeit haben die Bürger ein viel zu groß dimensioniertes Rathaus, das heute mit seinen weißen Kalksteinmauern ein berühmtes Wahrzeichen der Stadt ist.
FUJI Panorama-Kamera

Becker's
20
22 24

26 28
SunnySideUp
30 32
Approval

Wissenswertes über Ontario

Ontario liegt im Herzen Kanadas, wobei ein Drittel seiner Bodenfläche an den Ufern der Großen Seen entlangläuft, über 3000 Kilometer, im Norden wird die Provinz begrenzt von einer 1094 Kilometer langen Meeresküste, der Hudson- und der James Bay. Laut „Statistics Canada" sind in der etwas über eine Million Quadratmeter großen Provinz 11 Millionen Menschen zu Hause. Die maximale Ost-West-Ausdehnung erstreckt sich über 1690 Kilometer. In der zweitgrößten Provinz Kanadas gibt es nahezu eine halbe Million Seen und rund 60 000 befahrbare Flußwege; auf alle 16 Quadratkilometer entfällt jeweils ein Quadratkilometer Naturschutzgebiet. Der südlichste Punkt befindet sich bei Middle Island auf Pelee Island, auf der Höhe von Rom und der nördlichste Punkt ist mit dem Süden von Schweden gleichzusetzen, er liegt auf dem 56. Breitengrad an der Grenze zu Manitoba. Der höchste Punkt mit 693 Metern liegt in der nördlichen Region im Timiskaming Distrikt, nahe dem Lady Evelyn Smoothwater Provincial Park. National Parks: St. Lawrence Islands 4,1 qkm, Point Peele 15,5 qkm, Georgian Bay Islands 14,2 qkm, Pukaskwa 1877,8 qkm.

Nach Quebec ist Ontario die zweitgrößte Provinz von Kanada, wirtschaftlich gesehen ist sie sogar die stärkste und dynamischste Provinz. Mit über 40 % trägt Ontario den größten Teil des Bruttosozialproduktes des Landes; rund 53 % aller Waren werden hier produziert. Die Hälfte der Industriebetriebe Kanadas sind ebenfalls hier angesiedelt, fast alle Kraftfahrzeuge und Landwirtschaftsmaschinen werden hier hergestellt. Über 1,5 Millionen Kraftfahrzeuge werden jährlich in der Region des „Golden Horseshoe" zwischen den Städten Oshawa, Toronto und Hamilton gebaut, davon werden 85 % in die USA exportiert. Der Export spielt für Ontarios Wirtschaft eine wichtige Rolle, 90,5 % des Exportes (200 Milliarden Dollar) gehen allein zum südlichen Nachbarn. Ontario ist damit der drittwichtigste Handelspartner der Vereinigten Staaten. Wirtschaftliches Zentrum der Provinz ist der Großraum Toronto mit mehr als vier Millionen Einwohnern. 90 % aller ausländischen in Kanada arbeitenden Banken haben hier im größten Finanzzentrum des Landes ihren Sitz. Kein Wunder, daß die Arbeitslosenrate in Ontario mit nur 9 % unter dem kanadischen Durchschnitt liegt, über 5 Millionen Einwohner haben hier einen Job.

Der Grundstein für diesen Wirtschaftsboom wurde schon im letzten Jahrhundert gelegt. Nordamerikas erste Ölgesellschaft wurde 1852 von Charles und Henry Tripp in Oil Springs/Ontario gegründet. Die erste Öl-Pipeline wurde hier 1860 zwischen den beiden Orten Petrolia und Sarnia verlegt. Die reichste Silberader der Welt entdeckte man 1903 in der Nähe von Cobalt. Kanadas tiefster Stollen mit 2206 Metern befindet sich in der Goldmine von Macassa.

In Ontario befindet sich auch die größte Indianerpopulation von Kanada. 126 Stämme verteilen sich mit 77 300 Mitgliedern auf 115 Reservate (6703 qkm). 1974 wurde in den Reservaten Shoal Lake, Islington Band und Grassy Narrows die erste Indianer-Polizei ins Leben gerufen. Insgesamt leben in Ontario über 220 000 Indianer, die zwei großen Sprachenfamilien, den Algonkin und den Irokesen, angehören.

Ontarios Feste und Festivals

ONTARIO CANADA TOURISM

Minden
Weltweit „limited class" Hundeschlittenrennen. Über 80 Teams aus Kanada und USA treten mit ihren Vierer- und Achtergespannen gegeneinander an (Mitte Januar).

Ottawa
Winterlude, alljährliches Winterfestival auf einer der längsten natürlichen Eislaufbahn der Welt. Wettbewerbe im Eisschnell- und Eiskunstlauf, Feuerwerke und Konzerte (drei Wochen im Februar).

Elmira
Ahornsirup-Festival mit selbstgemachten Pfannkuchen und Ahornsirup (Anfang April).

Ottawa
Kanadisches Tulpenfestival. Aus Dankbarkeit für die Gastfreundschaft und Großzügigkeit Ottawas während der Jahre des Exils im Zweiten Weltkrieg, erhält die Stadt von der holländischen Königsfamilie alljährlich mehr als 3 Millionen Tulpen. Diese verwandeln Kanadas Hauptstadt in ein Blütenmeer (Mitte Mai).

Toronto
Caravan-Fest. In 50 Ausstellungspavillons präsentieren die vielfältigen ethnischen Gruppen Torontos traditionelle kulinarische Spezialitäten, Unterhaltungs- und Kulturformen (Mitte Juni).

Toronto
duMaurier Jazz-Festival. Über 1000 kanadische und ausländische Musiker spielen Jazzmusik auf Torontos Bühnen.

Toronto
Molson Indy. Kanadas größtes jährliches Automobilsportereignis auf dem Exhibition Place in Toronto. Die Stars übernachten im Holiday Inn on King (Mitte Juli).

Ottawa
Internationales Jazz-Festival von Ottawa (Mitte Juli).

Toronto
Caribana. Karibisches Festival mit farbenprächtigen Umzügen, Tänzen, Freiluftkonzerten und Calypsopartys (Ende Juli, Anfang August).

Fergus
Schottisches Festival und Highlandspiele (Erste Augustwoche).

St. Catherines
Niagara Grape & Wine Festival. Ein Fest rund um die Weinernte (ab Mitte September).

Kitchener-Waterloo
Das weltweit zweitgrößte Oktoberfest mit Kellnerinnen im Dirndl und echter Blasmusik (Mitte Oktober).

Toronto
Royal Agricultural Winter Fair. Die weltweit größte überdachte Landwirtschaftsausstellung und Pferdeschau (erste Novemberwoche).

Seite 134:
Ein Großteil des 3700 Kilometer langen St.-Lorenz-Strom-Seeweges führt durch Ontario. Die meisten der wenigen Brücken, die den Strom überspannen, verbinden Kanada mit den USA. Das Foto zeigt die riesige Stahlbrücke bei Trois-Rivières.
Nikon F4

Seite 135:
Im Old Fort Henry bei Kingston wird die Zeit des britischen Militärs noch einmal lebendig. Darsteller in historischen Militärkostümen führen den Drill des vorigen Jahrhunderts in Vollendung vor.

Seite 138:
„Da drüben sitzen die Amerikaner, unser Feind", beschwört dieser Ausbilder die Kinder, die hier im Old Fort Henry an einem Unterhaltungsprogramm für Kinder teilnehmen.

Seite 139:
Viel Spaß haben im Old Fort Henry die jungen Nachwuchs-Soldaten beim Nachstellen der kanadisch-amerikanischen Geschichte von 1867.

Empfehlenswerte Adressen

Ontario Tourism (Campingführer, etc.), 900 Bay Street, Hearst Block, Toronto, Ontario, M7A 2E1
Tel.: (416) 314-7570, Fax: (416)314-7563
Internet: www.ontario-canada.com

Ebenfalls kostenlose Reiseinformationen über Ontario, sowie eine Übersicht der Veranstalter sind auch in Deutschland erhältlich bei:
Lange Touristikdienst, Eichenhege 1-5, 63469 Maintal, Tel.: 06181-45178, Fax: 06181-497558

Toronto Informationen:
Metropolitan Toronto Convention & Visitors Association,
207 Queen's Quay West, Toronto, Ontario, M5J 1A7
Tel.: (416) 203-2500, Fax: (416) 867-3995
Internet: www.tourism-toronto.com, www.city.net/countries/canada

Hotels, Resorts und Gästehäuser in Ontario:
Holiday Inn on King, 370 King Street West, Toronto/Ontario M5V 1J9,
Tel.: (416) 599-4000, Fax: (416) 599-7394
Internet: www.hiok.com

Royal York Hotel, 100 Front Street West, Toronto/Ontario
Tel.: (416) 368-2511, Fax: (416) 368-2884

Skydome Hotel, 1 Blue Jays Ways, Toronto/Ontario
Tel.: (416) 360-7100, Fax: (416) 341-5090

Käthis Gästehaus, R.R.#4, Goderich/Ontario N7A 3Y1
Tel.: (519) 524-8587, Fax: (519) 524-2969

Hessenland Country Inn, R.R.#2, Zurich/Ontario N0M 2T0
Tel.: (519) 236-7707, Fax: (519) 236-7505
Internet: www.hessenland.com

Resort Tapatoo, Box 384, Parry Sound/Ontario P2A 2X5
Tel.: (705) 378-2208, Fax: (705) 378-2379
Internet: www.zeuter.com/parrysd/tapatoo/company

Deerhurst Resort, Canadian Pacific Hotels, 1235 Deerhurst Drive, Huntsville/Ontario P1H 2E8
Tel.: (705) 789-6411, Fax: (705) 789-2431

Chateau Laurier, Canadian Pacific Hotels, 1 Ridau Street, Ottawa/Ontario K1N 8S7
Tel.: (613) 562-7012, Fax: (613) 562-7032

Ramada Inn, 229 Great Northern Road, Sault Ste. Marie/Ontario P6B 4Z2
Tel.: (705) 942-2500, Fax: (705) 942-2570

Venture Inn Timmnis, 1136 Riverside Drive, Timmins/Ontario P4R 1A2
Tel.: (705) 268-7171, Fax: (705) 264-1991

Travelodge Hotel, 1401 Paris Street, Sudbury/Ontario P3E 3B6
Tel.: (705) 522-1100, Fax: (705) 522-1668

Best Western Pembroke Inn, 1 International Drive, Pembroke/Ontario K8A 6W5
Tel.: (613) 735-0131, Fax: (613) 735-0078

Sam Jakes Inn, 118 Main Street East, Merrickville/Ontario K0G 1N0
Tel.: (613) 269-3711, Fax: (613) 269-3713

Ambassador Resort Hotel, 1550 Princess Street, Kingston/Ontario K7L 4X6
Tel.: (613) 548-3605, Fax: (613) 548-4673

Queen's Landing Inn, 155 Byron Street, Niagara-on-the-Lake/Ontario
Tel.: (905) 468-2195, Fax: (905) 468-2227

Renaissance Fallsview, 6455 Buchanan Avenue, Niagara Falls/Ontario L2G 3V9
Tel.: (905) 357-5200, Fax: (905) 357-3422

The Inn at Manitou, McKellar/Onatrio P0G 1C0
Tel.: (705) 389-2171, Fax: (705) 389-3818

Sand Beach Lodge Resort, Alban/Ontario P0M 1A0
Tel.: (705) 857-2098, Fax: (705) 857-2945

Killarney Lodge, Lake of Two Rivers, Algonquin Park/Ontario P0A 1K0
Tel.: (705) 633-5551

Arowhon Pines, Algonquin Park/Ontario P0A 1B0
Tel.: (705) 633-5661, Fax: (705) 633-5795

Sherwood Inn, Lake Joseph, Port Carling/Ontario P0B 1J0
Tel.: (705) 765-3131, Fax: (705) 765-6688

Pinelands Resort, R.R.#3, Port Carling/Ontario P0B 1J0
Tel.: (705) 765-3226, Fax: (705) 765-5085

Jakobstettle Guest House, 16 Isabella Street, St. Jacobs/Ontario N0B 2N0
Tel.: (519) 664-2208, Fax: (519) 664-1326

Coureur de Bois Adventures, P.O.Box 2221, Cochrane/Ontario P0L 1C0
Tel.: (705) 272-3273, Fax: (705) 272-3672

Niagara Helicopters Ltd., 3731 Victoria Ave., Niagara/Ontario L2E 6V5
Tel.: (905) 357-5672, Fax: (905) 374-2856

Wer nicht nur einfach mit dem Wasserflugzeug mitfliegen möchte, der ist bestens bei dem Fluglehrer: Dietmar Zschogner, Parry Sound Air, P.O.Box 25, McKellar/Ontario P0G 1C0
Tel.: (705) 389-3793, Fax: (705) 389-1136, Internet: www.parrysoundair.com
und dem Fluglehrer Manfred von Muskoka Float Training, 1032 Lemar Road, Newmarket/Ontario L3Y 1S1, Tel.: (905) 895-9434, aufgehoben.
Die europäische Vertretung von Parry Sound Air ist in der Schweiz beheimatet: Hans Minder, Gerenstrasse 27, CH-8305 Dietlikon/Schweiz
Tel.: 0041-1-888 30 99, Fax: 0041-1-888 30 95
Für weitergehende Informationen in deutsch ist der Ontario erprobte Privatflieger Siegvard Kirst, Fesenmaierstraße 30, 89165 Dietenheim, Tel.: 07347-3777, Fax: 07347-4444 ansprechbar.

Rathwell National Realty Inc. (Vermittlung von Farmland und landw. Betrieben), R.R.#1, Brucefield/Ontario N0M 1J0
Tel.: (519) 233-9200, Fax: (519) 233-3131

Ruedi Bührer, Ontario Auswanderungsberatung, CH-8322 Gündisau bei Russikon/Schweiz
Tel.: 0041-195-40711, Fax: 0041-195-40712

Seiten 140/ 141:
Bei Wawa, etwas abseits des Highway 17, befinden sich am Magpie River die 23 m hohen und 38 m breiten High Falls. Ein nahegelegener Picknickplatz lädt zum Verweilen ein.
FUJI Panorama-Kamera

Seiten 142/143:
Mit 7570 qkm ist der Algonquin Provincial Park der älteste Wildnispark von Ontario, er wurde schon 1893 gegründet und seine einsamen Seen sind ein Refugium für Mensch und Tier.
FUJI Panorama-Kamera

Seite 144:
Den 1. Juli, Kanadas Verfassungsgeburtstag, sollte man am besten in der Regierungshauptstadt Ottawa feiern. Außer vielen Feierlichkeiten findet hier ein prächtiges Feuerwerk über dem Parlamentsgebäude statt.